KB096656

슬기로운 호텔리어 생활

발 행 | 2022년 08월 19일

저 자 | 고경록

그 림 | 고경록

편 집 | 강미선

펴낸이 | 한건희

펴낸곳 | 주식회사 부크크

출판사등록 | 2014.07.15(제2014-16호)

주 소 | 서울특별시 금천구 가산디지털1로 119 SK트윈타워 A동 305호

전 화 | 1670-8316

이메일 | info@bookk.co.kr

ISBN | 979-11-372-9216-1

슬 기로운
호 텔리어
생 활
100

고경록 지음

CONTENT

5:95 8

안.청.쾌.맛.멋.친.

호텔 브랜드 만들어 보기

고객은 가장 훌륭한 인테리어

실행이 답이다

맛집의 비밀?

피플

디지털 트랜스포메이션

사고는 반드시 일어난다

미팅이 너무 많아요!

플랫폼, 플랫폼, 플랫폼

우리의 객실은 90일 마다 새롭게 태어납니다

모든 것을 다 잘할 필요는 없다

5:95

호텔은 '라이프스타일 경험'을 파는 곳입니다. 고객은 호텔에서 먹고, 자고, 운동하고, 만나고 하는 과정에서 호텔이 제공하는 '라이프스타일 경험'을 즐기게 됩니다.

겉으로 드러난 멋진 라이프스타일 경험은 빙산의 일각처럼 전체의 5%에 불과합니다. 그 뒤에는 드러나지 않은 95%가 있습니다. 고객에게 멋진 라이프스타일 경험을 선사하기 위해 호텔리어들은 무대 뒤에서 많은 준비를 하고 있습니다.

지금 그 '95'의 세계로 여러분을 초대합니다.

일러두기

에세이 형식으로 적은 글입니다. 목차 순서와 상관없이 읽으시기 바랍니다.

책 내용에 언급된 사례는 독자의 이해를 돕기 위한 것으로 특정 기업이나 브랜드와는 무관함을 밝힙니다.

이 책을 사랑하는 나의 아내 강미선님에게 바칩니다.

안. 청. 쾌. 맛. 멋. 친.

제 1 화 안. 청. 쾌. 맛. 멋. 친.

　호텔 서비스 품질 수준을 종합적으로 측정하는 도구는 스타 레이팅, 다이아몬드 레이팅, 미스터리쇼핑 등 여러가지가 있다. 스타 레이팅의 경우 호텔 서비스의 다양한 측면을 고객 입장에서 정의하여 1 스타부터 5 스타까지 등급을 부여한다. 이 등급을 부여하는 항목에는 피트니스, 식당 등 부대 편의시설 보유 여부, 24시간 서비스 제공 여부, 음식의 질, 서비스 수준 등 다양한 항목들이 포함된다. 미스터리 쇼핑의 경우에는 2천여 가지가 넘는 포인트를 여러명의 쇼퍼가 점검한 후 결과를 피드백해준다.

　서비스 품질 측정항목은 '안청쾌맛멋친'으로 요약할 수 있다. 안전, 청결, 쾌적, 맛, 멋, 친절의 줄임 말이다. 이 여섯 가지 요소가 완벽하면 좋은 호텔이라 할 수 있다. 안청쾌맛멋친의 또 한 가지 중요한 점은 바로 순서이다. 이 여섯 가지 요소는 마치 건물 층수와 같아 1층 없이 2층을 올리지 못하듯이 아래 단계 요소들이 확보되어야 다음 단계 요소가 의미가 있다. 이를테면 안전이 확보되지 않는 상태에서는 청결하고 쾌적하고 맛있고 멋있고 친절해봐야 의미가 없다.

일반적으로 고객들의 눈에는 안전 요소들이 잘 보이지 않고 발생빈도도 낮지만, 호텔은 많은 사람들이 드나드는 곳이기 때문에 화재, 정전, 호텔 부분 공사 중 사고 등의 안전사고가 일어날 수 있다. 따라서 안전은 항상 100% 완벽한 상태를 유지할 수 있도록 해야 한다. 100% 안전이라는 토대 위에 청결, 쾌적, 맛, 멋, 친절 등의 요소를 하나씩 쌓아 올린다.

청결은 위생과도 직결된다. 호텔 모든 곳은 먼지, 거미줄, 날아다니는 벌레, 쓰레기 등이 없어야 한다. 고객 서비스 구역인 FOH(Front Of House)는 당연하고 특히 서비스 준비 구역인 BOH(Back Of House)의 청결관리가 더욱 중요하다. 스태프 락커, 샤워실, 휴게실, 식당, 로딩 덕, 창고, 주방, 사무실 등 서비스 준비 구역의 청결관리가 완벽해야 고객 서비스 구역 청결도 확보될 수 있다. 비 위생적인 식당에서 식사하고 지저분한 휴게실에서 쉬는 직원들이 유니폼과 용모, 그리고 마인드가 청결할 리 없고, 이는 고객 지역 청결 서비스에도 치명적이다.

쾌적은 다른 말로 하면 '공기의 질(Quality Of Air)'이다. 온도, 습도, 미세먼지 등 오염물질, 냄새 등이 이 항목에 포함된다. 눈에 보이지는 않지만 가장 중요한 기초 서비스다.

맛은 재료의 신선도, 음식의 온도, 식감, 풍미, 서비스 속도 등을 점검한다.

멋은 시각적 요소를 말한다. 건물 외관과 인테리어, 조명, 스타일링, 색, 폰트, 아트웍, 사이니지, 인쇄물, 유니폼 등이 서로 조화롭게 호텔 경험 전반에 잘 스며들어 있어야 한다.

마지막으로 친절은 스태프들이 고객을 대하는 태도이다. 친절이야말로 최고의 호텔을 결정하는 마지막 화룡점정 요소이다. 사람이 차지하는 비중이 큰 항목인 만큼 위 다섯 가지 요소 중 가장 편차가 크고, 관리하기 힘든 항목이다. 서비스 스태프들은 이직률이 상대적으로 높다. 스태프들이 계속 바뀌는 상태에서 고객을 대하는 훌륭한 태도를 유지하는 것은 매우 도전적인 일이다. 최상급 서비스를 제공하는 호텔이 되기 어려운 이유도 여기에 있다.

안.청.쾌.맛.멋.친.' 은 최고의 호텔이 되기 위한 전제조건이다

제 2화 공기는 비싼 상품이다?

 호텔에 투숙할 때, 호텔 이미지를 좌우하는 첫인상 중 하나가 '공기'이다. 프런트를 지나 로비에서 엘리베이터를 타고 올라가고 복도를 거쳐 객실로 들어간다. 객실 안에서는 화장실이나 샤워실을 이용하고, 그 밖에 식당, 라운지, 피트니스 등 여러 부대시설을 경험한다. 고객이 경험하는 이와 같은 모든 동선을 관통하는 하나의 공통적인 상품이 바로 '공기'이다. 이 공기가 끈적거리거나 덥거나 춥거나 불쾌한 냄새가 나거나 하면 호텔에서 빨리 나가고 싶어진다.

 좋은 '공기'는 어떻게 정의할 수 있을까? 좋은 공기는 온도, 습도, 분진, 냄새 등이 품질 기준에 부합되어야 한다. 호텔 운영자는 고객에 맞춰서 계절별로, 시간대별로, 기후별로 외부 공기를 봐 가면서 호텔 내부 공기 질의 기준을 설정하여 운영할 수 있어야 한다.

 쾌적한 온도 기준은 18℃~26℃인데 계절, 생활지역, 연령대, 성별, 컨디션 등에 따라 개인별로 차이가 있다. 따라서 식당이나 로비 등은 공통 기준을 두어 운영하되 개인 지역인 객실이나 식당의 PDR (Private Dining Room) 등에는 공간별로 온도조절기를 비치하여 개인별·그룹별 기호에 맞출 수 있도록 설비를 준비해야 한다.

쾌적한 습도는 40~60% 범위 내에서 운영한다. 건조한 날씨에는 습도를 높여주고, 습도가 높을 때는 제습을 운영하는 등 계절과 외부 날씨에 따라 조절해준다. 습도가 기준 이상으로 높아지면 불쾌지수가 올라가고, 기준 이하로 낮아지면 피부가 건조해지며, 인후통이나 정전기 등이 발생한다.

분진은 미세먼지(PM 10 ug/m3), 초미세먼지(PM 2.5 ug/m3), 이산화탄소, 포름알데히드, 총부유세균, 일산화탄소 등을 기준 내에서 관리한다. 이 기준은 환경부 법률 준수사항이다.

온도, 습도, 분진, 냄새 등 공기의 질은 단 몇 초 만이라도 관리기준을 벗어나면 쾌적도를 떨어뜨릴 뿐만 아니라 경우에 따라 심각한 피해를 야기할 수 있다. 따라서 항상 공기의 질이 기준 내에서 체계적으로 관리될 수 있도록 인프라와 모니터링 시스템 구축이 필수적이다. 공기의 질은 공기조절기에서 관리된다. 외부의 공기를 들여와서 필터로 먼지를 걸러내고, 보일러와 냉각기에서 나오는 온수와 냉수를 이용하여 공기의 온도와 습도를 맞추고, 선풍기로 바람을 내어 덕트를 통해 관리된 공기를 필요한 지역에 공급한다. 각 지역에서 오래 사용한 공기는 사람의 호흡에서 나오는 이산화탄소, 먼지 등으로 탁해져 있으므로 배기 설비를 통해 밖으로 배출시킨다. 공기의 혼탁도는 해당 공간의 밀집도에 따라 달라진다. 호텔의 디자인 스탠더드에는 회의실, 연회장, 객실, 피트니스 등 각 공간의 밀집도에 따라 시간당 새로 공급할 공기의 양을 정하고, 그 양에 맞는 공조 설비 기준이 정해져 있다.

공기조절에 필요한 설비는 호텔 전 지역에 걸쳐 광범위하게 퍼져 있다. 냉온수 배관, 덕트, 플렉시블 등도 거미줄처럼 호텔에 펼쳐져 있다. 사람으로 비유하면 공기조절 배관과 덕트는 혈관이고, 그 안에 흐르는 공기는 혈액과 같은 역할을 한다. 건강한 호텔에는 세심하게 관리된 건강한 공기가 흐르고 있다.

바깥 공기를 들여와서 먼지, 습도, 온도 등을 최적화한 쾌적한 공기를 곳곳에 보낸다

제3화 전기는 호텔의 심장이다

   호텔 운영 중에 갑자기 정전이 일어나면 어떻게 될까? 로비와 식당은 조명이 꺼지고, 엘리베이터나 에스컬레이터도 멈추고, 공기 조절 시설도 가동이 안되어 온도와 습도 조절이 어려워 덥거나 춥고..., 호텔은 순간 어수선해질 수 있다.

   물론 대부분의 호텔에선 이럴 경우에 대비해서 비상전력 설비를 갖추어 놓기 때문에 이 혼란이 오래가지는 않는다. 하지만 이것마저 준비가 안되어 있거나 또는 준비를 했더라도 제대로 작동하지 않는다면 혼란과 사고가 발생할 위험도 예상할 수 있다.

   호텔 운영자는 항상 기계실 장비 점검을 꼼꼼히 해야 한다. 기계실 내부에는 전기, 보일러, 냉각기, 공기조절기, 펌프, 수영장 필터, 오폐수 처리장치 등 좋은 품질의 FOH(Front of House; 고객 서비스 구역) 서비스 제공을 위한 핵심 장치들이 모여 있다. 이 설비 중 가장 중요한 것은 바로 전기이다. 전기는 나머지 기계 장치들이 움직일 수 있도록 에너지원을 제공한다. 욕실의 따뜻한

물과 겨울에 난방을 해 주는 보일러도 전기로 가동되고, 여름에 냉방을 해주는 냉각기도 전기가 있어야 돌아간다. 쾌적한 공기를 위해 온도·습도·미세먼지 등을 조절하는 공기조절기도 전기가 필요하다. 전기가 멈추면 엘리베이터나 에스컬레이터도 멈춰 불편함은 물론 이동 중에 있던 고객들이 다칠 위험까지 생긴다.

이처럼 전기가 멈추면 나머지 기계들도 모두 한 순간에 멈춰 선다. 전기는 우리 몸에서 심장과 같은 기능을 한다. 심장이 멈추면 신선한 혈액 공급이 멈추면서 생명유지가 힘들어지듯 전기는 호텔 서비스가 살아있게 하는 근원이다.

호텔을 개발할 때 호텔 FOH 및 BOH(Back of House; 서비스 준비 구역) 전 분야에서 필요한 전력량을 세밀하게 분석하고, 장기적으로 미래에 추가될 전력 수요분석도 진행하여 적정 전력 수요를 확정한 후, 적정 전력수요의 약 2배 (사이트 상황에 따라 판단)를 공급할 수 있는 전력 공급설비를 구축한다. 또한 전력 공급설비는 호텔 구역별로 쪼개어 여러 개를 설치함으로써 혹시 한 지역이 정전이 되더라도 피해 범위를 최소화하여 호텔 전체가 정전되는 일이 없도록 한다. 또한 비상 상황을 대비하여 비상 발전기도 준비하고 정기적으로 가동 여부를 점검한다.

고객이 객실에 조명을 켜기 위해 스위치를 켤 때, 한국전력에서 호텔로 들어오는 고압전력을 받아들이는 수전 설비, 고압전력을 호텔 각 부문에 분배하기 위해 전압을 낮추어주는 변압기, 변압된 전력이 필요한 곳에 보내기 위한 중간 기지인 분전반 등을 거쳐 객실에 전원이 공급된다. 수전설비, 변압기, 분전반 등에는 전기 품질이 좋은 상태인지를 체크하는 디지털 센서가 있어 중앙 감시반에서 이상 여부를 실시간으로 파악할 수 있다. 호텔 운영자는 이러한 모니터링 프로세스가 잘 유지되도록 정기적으로 해당 설비와 센서의 작동 유무를 점검해야 한다. 또한 전기, 보일러, 냉각기, 공기조절기, 비상발전기, 소방설비, 수영장 필터 설비 등이 있는 기계실은 누군가 나쁜 의도를 가지고 침입하게 되면 호텔 전체에 피해를 줄 수 있으므로 항상 권한이 부여된 사람들만 출입할 수 있도록 보안 관리를 철저히 해야 한다.

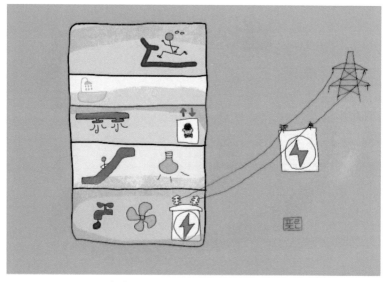

송전 · 배전 설비를 거쳐 전기가 들어오면,
냉난방, 공조, 급수, 조명, 엘리베이터, 트레드밀 등이 가동되고 호텔이 움직이기 시작한다

제4화 맛은 냄새다

주말에 가족들과 모처럼 뷔페식당에 갔다. 인테리어, 조명, 음식, 서비스 스태프, 음악 모두 훌륭한데 뭔가 부족한 느낌이 든다. 가만히 그 원인을 생각해보니 식당에서 나는 냄새가 문제였다. 식당 중앙에서는 별도의 아일랜드 키친을 만들어 조리사들이 손님들 앞에서 생선회를 썰고, 소고기를 굽고, 쌀국수를 삶고 있었다. 이곳에서 조리하는 고기, 생선, 쌀국수 냄새들이 식당 안을 돌아다니고 있었다. 여러 냄새들이 섞이다 보니 음식 맛에 집중하기가 어려웠던 것이다.

우리는 흔히 음식의 맛은 혀로 느끼는 것으로 알고 있지만, 맛은 혀로 느끼는 미각과 함께 향기, 색깔, 입안에서의 느낌, 소리 등 시각, 후각, 기분, 감정, 청각 등 모든 감각기관이 동원되는 다감각적인 경험(Multisensory experience) 통해서 인지된다. 이렇게 감성과 이성을 결합시킨 맛을 '풍미(flavor)'라고 하는데, 풍미에서 가장 중요한 요소는 냄새다. 냄새가 풍미의 80%를 결정한다. 예를 들어, 게맛살은 명태살에 게향을 담은 풍미료 때문에 게맛이 나는 것이다.

　호텔 운영자는 호텔을 건축할 때, 또는 보수할 때, 항상 '냄새'를 고려해야 한다. 냄새가 없는 Scent-free도 좋지만, 경우에 따라선 기억나는 향을 사용하기도 한다. 한 글로벌 체인호텔은 브랜드 아이덴티티 중 하나로 향기(Scent)를 추가하여 체크인할 때 그 브랜드만의 뛰어난 향을 경험하게 함으로써 오랫동안 기억에 남도록 하고 있다. 하지만 식당에서는 고객들이 음식의 맛에 집중할 수 있도록 주방 냄새가 고객공간으로 흘러 들어오지 않도록 해 줘야 한다.

　공기는 기압이 있다. 예를 들어, 식당 주변 공기의 기압이 1인 상태에서 식당 안에 천정 급기구를 통해 공기를 불어넣으면 식당 내부 기압은 1.5로 올라가 고기압 상태(+압력; 양압)가 된다. 그리고 주방 천정 배기구에선 공기를 빼내면 주방기압은 0.5가 되어 저기압 상태 (-압력; 음압)가 된다. 공기는 고기압에서 저기압으로 흐르고 기압 차이가 크면 바람이 세진다. 따라서 식당 내부 기압 1.5에서 주방 기압 0.5로 공기가 흐르게 되어 식당 안의 냄새가 주방으로 들어가 배기구를 통해 밖으로 배출된다. 식당 중앙에 있는 아일랜드 키친의 경우엔 키친 윗부분에 배기구를 통해 음압을 걸어 공기를 빼내 주면 조리 중 발생하는 음식 냄새가 고객들 테이블로 옮겨가는 일은 방지할 수 있다.

　온도, 습도, 먼지, 냄새 등이 표준대로 관리된 쾌적한 공기를 고객들에게 공급하기 위해 호텔 내부에는 사람의 심장, 폐, 혈관과 같은 역할을 하는 공기조절 설비들이 즐비하다. 호텔 운영자는 공기조절 설비의 작동 여부는 물론이고, 구역별로 설계된 기압 차이가 적정하게 유지되어 냄새 관리가 잘 되고 있는지를 주기적으로 점검해야 한다.

맛은 냄새가 80%를 결정한다. 맛있는 음식도 냄새 관리가 안되면 맛이 없어진다.

제 5화 같은 실수가 반복되는 이유

호텔은 24시간 많은 고객들이 여러 공간에서 호텔 스태프들과 만나면서 서비스를 경험하는 곳이다. 호텔 안에는 수많은 서비스 접점들(Service contact points)이 존재하며, 이런 서비스 접점들의 품질 수준을 편차가 없이 균일하게 관리하는 것이 중요한 요소이다.

어떤 고객이 비즈니스 출장을 와서 2박 3일간 묵는다면 약 50개의 서비스 접점이 발생한다. 이 50개의 서비스 접점 품질은 해당 프로세스를 가동하는 물리적 요소 (프런트 데스크, 조명, 장식, 공기의 질 등), 시스템, 그리고 스태프들이 조화롭게 정해진 SOP (Standard Operating Procedures; 표준 운영절차)에 따라 서비스를 수행했는가 여부에 의해 판가름 난다.

서비스 접점은 50개이지만 이를 구성하는 세부 요소는 수백 개까지 늘어날 수 있다. 서비스 접점 중 한 가지 예를 들어 체크인 프로세스를 얘기해보자. 체크인을 할 물리적 요소는 프런트 데스크, 키오스크, 조명, BGM, 공기의 질, Visual Identity 등이 있고, 시스템은 PMS (Property Management System; 호텔 운영 관리시스템), 모바일 체크인 시스템, 하우스키핑 주문관리 시스템, 고객의 소리 관리 시스템 등이 있고, 스태프 요소는 용모, 용어, 말투, 태도 등이 있다. 위에 나열한 많은 요소들이 고객의 니즈에 맞게 잘 제공되었을 때 좋은 체크인 서비스 품질을 유지할 수 있다. 체크인 서비스의 경우, 한 고객을 만족시키기 위해 200여 개의 포인트가 관리되어야 한다. 또한 같은 서비스일지라도 고객의 기호, 시간, 날씨 등에 따라 변화가 이루어져야 한다.

물리적 요소와 시스템 요소는 처음에 잘 셋업 하면 편차가 없지만 스태프 요소는 편차가 발생하기 쉬운 요소이다. 프런트 스태프를 서비스 접점에 투입하기 위해서는 채용하고, 교육하고, 평가하는 등의 과정을 거쳐야 한다. 숙달된 스태프는 해당 프로세스 품질을 잘 유지하겠지만 모든 스태프가 다 숙련된 상태가 아닐 수 있다. 또한 추가적인 이직이 발생할 가능성도 있다. 따라서 접점 스태프의 숙련도와 근무강도 등을 잘 고려하여 스케줄을 편성 운영하는 매니저의 조직운영 역량이 중요하다. 경영진이나 현장 관리자들이 접점에 대한 이해가 부족하면 이런 부분을 놓치게 되어 동일한 스태프들이 서비스를 하더라도 접점 품질관리에 결함이 생길 여지가 커진다.

균일한 서비스 품질을 유지하기 위해서는 '사람' 요소를
최소화하는 것이 중요하다. BGM (Back Ground Music;
배경음악)의 예를 들어 보면, 식당 매니저가 BGM을 관리하면 그
매니저의 성향에 따라 BGM품질이 좌우될 것이다. 하지만 호텔
브랜드 아이덴티티 작업 시 음향 아이덴티티도 정의하고 이에 따라
계절, 날씨, 시간대, 장소, 이벤트 등을 고려하여 음악 선정
알고리즘을 만들어 자동으로 재생되는 시스템을 셋업 하면
비용절감과 균일한 품질 두 가지를 다 얻을 수 있게 된다.

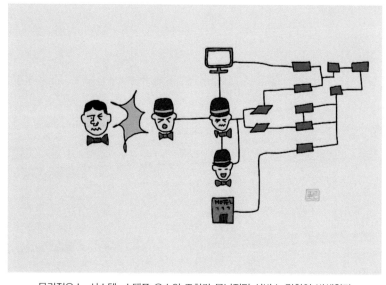

물리적요소, 시스템, 스태프 요소의 조화가 무너지면 서비스 결함이 발생한다

제6화 물 한잔 주세요

호텔 카페에 앉아서 친구들과 즐거운 대화를 나누고 있다. 얘기를 하다 보니 목이 말라 물을 한 잔하고 싶어진다. 주변을 둘러본다. 서비스 스태프가 바삐 움직이고 있다. 손을 들어보지만 너무 바쁜 나머지 당신의 손을 보지 못한다. 하는 수 없이 손을 들고 작은 소리로 '여기요'라고 얘기해 본다. 그래도 당신의 말을 듣지 못한다. '여기요!'하고 소리를 좀 더 높여본다. 여전히 반응이 없다. 급기야 일어서서 큰 목소리로 '여기 물 한잔 주세요!'를 외친다. 식당에서 이런 경험은 종종 있을 것이다. 하지만 좋은 호텔이라면 이런 일이 일어나선 안 된다. 서비스 에러 상황이다.

서비스에는 레벨이 있다. 먼저 필요한 사람이 스스로 알아서 서비스하는 셀프서비스가 있다. 고객이 서비스 프로세스에 직접 참여함으로써 시설 운영자의 부담(비용)을 덜어주는 콘셉트이다. 많은 카페에서 이런 콘셉트를 도입하고 있다. 그 다음은 주문하면 가져다주는 반응형 서비스이다. 대부분의 서비스가 여기에 속한다. 반응형 서비스도 수준을 좀 더 나눠 볼 수 있다. 고객이 필요한 것을 큰 소리로 외치는 경우, 손만 드는 경우, 고개만 돌려도 다가오는 경우 등이다. 반응의 수준별로 고객 경험은 큰 차이가 생긴다.

가장 좋은 서비스는 '예측하는(Anticipating) 서비스'이다. 내가 필요로 하는 것을 말하기도 전에 채워주는 것이다. '물 한잔하면 좋겠는데…'하는 생각이 드는데 서비스 스태프가 다가와서 빈 물 잔에 물을 따라준다. 좋은 호텔에서는 시간, 장소, 상황에 맞추어 고객의 요구를 예측하여 미리 채워주는 서비스를 한다. 여기서 예측을 잘 못하면 과잉 서비스가 될 수 있으니 유의해야 한다. 예측하는 서비스를 잘하기 위해서는 고객을 잘 연구하여 파악하고 있어야 한다. 고객을 가족처럼, 손님처럼 관심을 갖고 있으면 지금 뭐가 필요한지 예측할 수 있게 된다.

물론 좋은 서비스는 '비싼' 서비스일 가능성이 높다. 셀프서비스 카페에서 커피 한 잔에 5천 원이라면, 테이블에 앉아서 주문하면 가져다주는 테이블 서비스 카페에서는 같은 커피가 만원이 넘을 수도 있다. 같은 커피인데 왜 가격이 두 배지? 하고 의아해할 수 있지만, 테이블 서비스를 하려면 직접 주문을 받고, 커피를 서빙해주고, 또 다른 요청을 처리해줘야 하는 등의 서비스 항목들이 늘어나 서비스 스태프가 더 필요하게 되고 이는 원가상승의 원인이 된다. 따라서 추가 서비스를 해 주는 대신 추가 비용을 받는 것이다.

　과거 한 때 호텔 카페에서 모든 고객에게 자리에 앉으면 물을 따라주는 서비스를 해 준 적이 있다. 요즘은 물은 on-demand 즉, 주문하면 가져다주는 서비스로 대부분 바뀌었다. 그것도 '어떤 물'을 원하는지 물어본다. 스파클링, 스틸 등 물도 여러 종류가 있는 판매용 상품이기 때문이다. 물론 무료 물도 요청하면 마실 수 있다. 가격이 비싼 파인 다이닝에서는 이 모든 서비스를 '알아서' 챙겨준다. Anticipating Service는 가장 좋으면서 가장 비싼 서비스이기도 하다.

물 한잔 마시고 싶을 때 물을 가져다주면?

제 7 화 당신의 호텔은 좋은 호텔인가요?

체크 아웃하는 고객이 총지배인과의 미팅을 요청했다. 정장 차림의 고객이 총지배인에게 인사를 건넨다. 미스터리 쇼퍼다.

많은 호텔의 헤드쿼터 (호텔 체인 본부) 에서 프라퍼티 호텔 (개별단위 호텔)들의 품질을 평가하기 위해 미스터리 쇼핑을 실시하고 있다. 많은 호텔 프라퍼티들이 있는 체인호텔의 경우 자체 미스터리 쇼핑 프로세스를 운영하고, 독립호텔의 경우에는 미스터리 쇼핑 전문회사의 도움을 받기도 한다. 미스터리 쇼퍼들은 호텔 경력자들로서 별도의 교육을 받고 고객입장에서 보통 2~3일간 호텔 서비스 전 분야를 경험해 본 후 결과를 리포팅해준다. 전화예약, 인터넷 예약, 모바일 예약, 공항 픽업 서비스, 호텔 영접, 프런트 체크인, 짐을 객실로 가져다주는 러기지 서비스(luggage service), 객실의 정비 상태, 룸서비스, 식당, 음식의 질, 피트니스, 서비스 스태프의 용모, 태도, 전문성 등의 수준을 평가한다.

평가 항목은 5 스타 호텔의 경우 2천 개가 넘는 방대한 양이다. 평가 항목에는 고객만족에 미치는 영향도에 따른 가중치가 부여된다. 예를 들어 가중치가 1점짜리가 있는가 하면 30점짜리도 있다. 30점짜리 하나를 놓치면 치명적이다. 객실 안전, 음식의 온도/맛 등이 30점 항목 중 하나이다. 평가 항목과 가중치는 고객 니즈의 변화에 맞추어 개정된다.

미스터리 쇼퍼가 다녀간 뒤, 호텔 헤드쿼터와 프라퍼티의 경영진은 각 호텔 프라퍼티들의 서비스에 대한 종합평가서와 항목별 디테일한 평가 내용, 그리고 벤치마크 대상 호텔과의 서비스 차이, 경쟁력 있는 항목들, 개선해야 할 항목들 등에 대해 세부적으로 분석한 리포팅을 받는다. 개선이 필요한 항목은 해당 부서에 배정되어 각자 개선활동을 실시하고, 그 결과는 다음 미스터리 쇼퍼 평가로 피드백받는다. 한 글로벌 체인호텔의 경우 총지배인 평가를 재무평가와 품질평가 두 가지로 하는데, 이 중 품질평가는 과락제를 도입하여 최소 유지 수준 (예, 70점) 미달 시는 0점으로 간주하는 프로세스를 운영하고 있다. 이때 품질평가는 미스터리 쇼퍼 평가로 이루어진다. 따라서 총지배인들은 미스터리 쇼퍼의 등장에 긴장할 수밖에 없다. 혹시 과락을 면했다 하더라도 낮은 평가를 받은 서비스 항목들은 개선계획을 수립하여 헤드쿼터에 보고한 후 실행해야 한다. 이후 헤드쿼터에서는 이 개선계획이 제대로 실행되고 있는지 여부를 점검한다.

미스터리 쇼핑은 고객의 관점에서 호텔 서비스 수준을 객관적으로 평가하여 부족한 프로세스를 개선하는데 초점이 있다. 만일 호텔 프라퍼티 스태프들이 미스터리 쇼퍼가 들어온다는 정보가 유출되면 거짓 서비스를 평가하는 결과가 초래되어 쓸데없는 비용만 들어가게 된다. 따라서 미스터리 쇼핑 프로세스는 정보보안이 출발점이다.

당신의 호텔은 좋은 호텔인가요?
미스터리 쇼퍼를 통해 호텔 품질을 확인할 수 있다

제8화 서비스 품질관리 프레임 워크

고객이 좋은 서비스로 감동을 받아 호텔의 팬이 되었다. 그 뒤로도 여러 번 같은 호텔을 이용하였고 갈 때마다 좋은 느낌을 갖고 나왔다. 호텔 멤버십에도 가입하고 친구들에게도 이 호텔을 적극 추천한다. 그런데 어느 날 아침 카페에서 식사 중 굉장히 불쾌한 서비스를 경험하게 된다. 이 고객은 매니저에게 이 문제를 알리고 호텔을 나왔다. 그 뒤 호텔로부터 아무런 피드백을 받지 못한 상태에서 다시 이용했는데 이번에도 불쾌한 서비스를 경험했다. 이번에는 호텔 총지배인에게 그 내용을 메일로 보내 시정을 요청했다. 이번에도 아무런 피드백이 없다. 화가 난 고객은 멤버십을 해지하고 호텔을 옮겼다.

고객은 품질이 어제와 오늘이 다를 때 불만을 느낀다. 품질관리는 편차 관리이다. 어제는 최고의 서비스를 받다가 오늘은 보통 수준의 서비스를 경험하게 되면 고객은 그 차이 이상으로 실망을 느낀다.

호텔에서 서비스 품질을 균일하게 유지하기 위해서는 체계적인 서비스 품질관리 프레임 워크가 필요하다. 이 프레임 워크는 기준 수립 〉 평가 〉 개선 〉 기준 수립 등의 루프로 형성된다. 품질 기준은 브랜드 스탠더드, 서비스 스탠더드, 표준 운영절차(SOP) 등을 통하여 수립한다. 서비스 품질평가는 미스터리쇼핑, KPI(Key Performance Index: 핵심 성과평가지표) 평가 등으로 이루어진다. 가장 이상적인 평가는 프로세스별 KPI가 실시간으로 자동 집계되는 것이지만, 이 또한 비용-효율을 고려해서 결정해야 한다.

개선은 개선 난이도에 따라 즉시 개선과제와 별도 CFT(Cross Functional Team; 한 개의 과제 해결을 위한 단기간 여러 부서 혼합팀) 개선과제로 나누어 진행한다. 한 부서 내에서 즉시 개선이 가능한 과제들은 즉시 개선과제로 진행하고, 한 프로세스에 여러 부서의 업무가 섞여 있고 지속적이고 반복적으로 발생하고 있는 고질적인 문제이면서 사업에 미치는 영향이 큰 과제는 별도의 CFT팀을 구성하여 단기간(6~12개월)에 걸쳐 집중적으로 원인을 파악하고 해결책을 도출하여 개선한다. 또한 개선 과정에서 기존에 수립된 기준의 수정이 필요한 경우, 또는 새로운 기준의 수립이 필요한 경우에는 그에 맞추어 수정 작업을 실행한다.

서비스 품질관리 프레임 워크는 호텔의 서비스 철학과 같다. 살아 있는 생물체처럼 쉬지 않고 '기준 〉 평가 〉 개선 〉 기준' 루프를 계속 유지하는 것이 무엇보다 중요하다. 우리가 매일 쉬는 침실을 일주일간 청소를 하지 않는다면 어떻게 될까? 침대 위에는 빨랫감이 널려 있고, 방안 공기는 탁하고, 바닥에는 먼지가 쌓여 있어서, 이런 상태에서는 편안한 숙면이 어려울 것이다. 우리가 매일 침실을 청소하는 이유이다. 서비스 품질 프레임 워크도 이와 마찬가지이다. 호텔을 운영하는 동안 매일, 매시간, 모든 장소에서, 모든 스태프들이 이 프레임 워크를 쓸고, 닦고, 환기시키고 해야 한다.

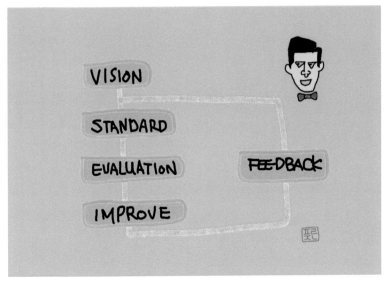

고객에게 언제나 변함없는 서비스를 제공하기 위해서
체계적인 서비스 품질관리 프레임웍이 필요하다

제9화 호텔 품질기준의 두 얼굴

해외여행 중 머무를 숙소를 고르고 있다. 현지인들이 살고 있는 집, 객실, 식당, 수영장 등 편의 시설이 잘 갖춰진 5 스타급 호텔, 간단히 잠만 자는 Bed & Breakfast 호텔, 여러 여행자들을 만날 수 있는 게스트 하우스 등 여러 가지 선택지 중 어떤 곳을 선택할 것인가?

숙소를 선택하는 고객은 각 선택지에 대해 '기대 수준'을 갖고 있다. 예를 들어 게스트 하우스를 골랐다면 편의 시설의 불편함을 감수하더라도 여행자들과 교류할 수 있다는 장점을 선택한 것이고, 5 스타 호텔을 골랐다면 비싼 비용을 지불하더라도 각종 편의를 충분히 즐기겠다는 요구에 충실한 것이다. 고객의 선택지에 대한 '기대 수준'은 다른 말로 하면 '품질기준'이다.

호텔 경영자는 호텔 브랜드를 개발할 때 '품질 기준'을 사전에 정의해 놓아야 한다. 어떤 호텔이 되고 싶은지, 고객의 어떤 요구에 부응하고 싶은지를 정하고 이에 따라 브랜드 스탠더드, 서비스 스탠더드, SOP, 가격 수준 등을 정한다.

품질 기준은 고객도 가지고 있는 동시에 호텔 경영자도 갖고 있다. 만일 호텔 경영자가 세운 품질기준을 좋아하는 고객이 많아진다면 그 호텔에는 많은 고객들이 유입될 것이다. 그러나 호텔 경영자가 세운 품질기준을 좋아하는 고객이 많지 않다면 그 호텔은 난관에 부딪히게 된다. 따라서 호텔 경영자는 브랜드 전략을 수립할 때 시장과 고객의 니즈를 잘 살펴서 고객의 가려운 부분을 해소해줄 수 있는 품질기준을 수립해야 한다. 또한 시장과 고객의 니즈는 지속적으로 변화하므로 항상 이런 변화를 잘 지켜보고 선제적으로 품질기준을 수정하여 시장을 이끌 수 있도록 대비해야 한다.

브랜드 전략 측면에서의 품질기준 외에 고객만족 측면에서의 품질기준은 전혀 다른 얘기이다. 숙소에는 여러 가지 선택지가 있지만 모든 숙소의 본질은 '서비스 제공'이고 목표는 '고객만족'에 있다. 각 선택지별로 서비스 제공항목과 그 수준은 다르겠지만, 고객들이 불만을 가지고 나가길 원하지는 않을 것이다. 고객만족 측면에서의 품질기준은 '고객 경험 전체 최적화 관점'에서의 접근을 요구한다. 위 예에서 현지인이 살고 있는 집을 예약한다면,

품질기준에는 예약 플랫폼 이용 편의성, 가격, 숙소의 안전·청결·쾌적·멋, 주변 관광 및 편의시설, 불편사항 조치 등 고객 경험 전반에 초점을 맞추어 평가해 봐야 한다. 이럴 경우 품질기준은 '고객'이 정하게 되는 것이다.

　브랜드 전략을 수립할 때, 숙소를 선택할 때에는 품질기준을 호텔 경영자와 고객이 각자 정한다. 하지만 일단 숙소가 정해지고 난 후에는, 해당 숙소의 품질기준은 철저히 '고객 경험'의 눈높이에서 결정된다.

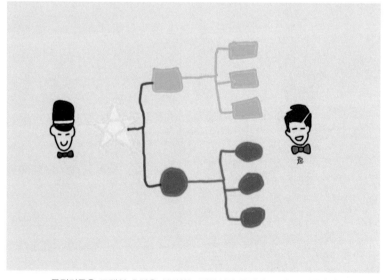

품질기준은 고객이 호텔을 선정하는 기준이자 호텔의 브랜드 표준이다

호텔 브랜드 만들어 보기

제10화 호텔브랜드 만들어 보기

　새로운 호텔 브랜드를 개발하기 위해서는 크게 시장분석, 고객 분석, 역량 분석, 기회 분석, 전략 수립, 과제 선정, Process Owner선정, 일정, Plan-Do-See 등의 과정을 거치게 된다.

　시장 분석단계에서는 호텔의 메가 트렌드, 수요와 공급 상황, 경쟁사 현황 및 추가 진입 계획, 법률 및 정부 기조 등을 검토하고, 고객 분석 단계에서는 고객 세그먼테이션, 신규 세그먼트의 발견, pain points분석 등을 실시한다. 역량 분석은 '나'의 인적/재무적 역량 수준을 정의하여 개발에서의 제약조건을 규정한다. 기회 분석 단계에서는 시장의 흐름, 고객의 갈증, 나의 역량 등을 종합하여 기회요소를 정의한다. 전략 수립단계에서는 신규 브랜드에 대한 핵심 소구점(Unique Selling Points)을 정의한다. 전략 수립이 끝나면, 이 전략을 실행할 과제와 과제관리 프레임 워크를 만들고, 실행하고, 피드백하고, 보완 후 재 실행하는 과정을 반복하면서 브랜드 완성도를 높인다.

시장-고객-역량-기회와 연계된 전략이 수립되면 이를 구체화하는 첫 단계로 Brand Identity(BI) 작업을 진행해야 한다. BI는 해당 브랜드의 출생 기원과 같은 것이어서 이 브랜드가 왜 나왔는지, 무엇을 하고 싶은지, 어떻게 그 꿈을 실현시킬 것인지 등을 세부적으로 정의한다. BI는 크게 Verbal Identity와 Visual Identity로 나뉜다. Verbal Identity는 비전 스테이트먼트, 브랜드 스탠더드, 서비스 스탠더드, SOP 매뉴얼 등이 포함된다. Visual Identity는 BI를 시각적으로 풀어낸 요소로 칼라, 서체, 로고, 사이니지, 애플리케이션, 유니폼 등이 포함된다.

Identity 작업이 끝나면 건축, 인테리어, 마감재, 설비, BGM, 향기, 공기 질 등을 정의한 디자인 스탠더드를 만든다. 브랜드 개발에서 빠질 수 없는 부분이 재무 검토이다. 호텔 경영자는 고객만족과 더불어 수익성 기준도 충족시켜야 한다. 호텔 객실 수, 객실 크기, 식당 등 부대시설 종류와 크기, 서비스 스타일, 디자인 스타일, 인력계획, 시스템 인프라, 투자규모, 재원 조달, ROI (Return On Investment; 투자수익률), 프라퍼티 오너와의 수익배분(Own operator, Rent, Management Contract, Franchise) 등을 고려하여 최적의 조건을 정립해야 한다.

첫 호텔이 성공적으로 출시되어 시장의 반응이 좋으면 2호, 3호, 10호 등으로 여러 사이트에서 여러 사람이 동시에 빠르게 확장할 수 있도록 해야 브랜드 ROI(Return On Investment; 투자수익률)를 확보할 수 있다. 따라서 브랜드 개발과 동시에 빠른 확장을 위한 플랫폼도 준비해 두어야 한다. 글로벌 호텔그룹의 경우, 오픈 1년 전에 개발 GM(General Manager; 총지배인)을 사이트에 파견하여, 신규 브랜드를 셋업 하는 세부적인 프로세스 기준과 관련 인프라를 운영하고 있다.

브랜드 철학은 서비스와 상품의 세부요소들에 스며들어 '최고의 경험'을 제공한다

제11화 고객 되어보기

고객들이 호텔을 이용하는데 아쉬운 부분이 뭘 까? '바닷가 리조트에 가서 창문을 열었는데 발코니에 깔따구가 너무 많다', '아이들과 모처럼 자연에서 즐거운 시간을 보내고 싶은데 호텔에서 운영하는 액티비티 프로그램이 미흡하다', '렌터카, 액티비티, 호텔, 항공, 식당 등을 다 따로따로 찾아보고 예약해야 하는데 시간 소모가 너무 많다', '11시에 체크아웃하고 차로 먼 거리를 이동해야 하는데 식당은 12시부터 오픈한다. 밥은 어디서 먹지?', '리조트를 처음 만나는 곳이 주차장인데 노후되고 어둡다', '예약할 때 사용하는 호텔 앱이 OTA 앱과 비교했을 때 너무 느리고 복잡하다' 등 크고 작은 Pain points가 많다.

고객의 Pain points를 유심히 들여다보면 혁신적인 상품과 서비스를 만들어 낼 기회를 찾아낼 수 있는데, 이를 파악하기 가장 좋은 방법은 스태프가 고객이 되어 보는 것이다. 호텔 매니저나 스태프들이 정기적으로 호텔 고객이 되어 호텔 서비스를 직접 경험해보고 그 느낌을 공유하는 프로세스를 유지하면, 운영자만의 시각에서 벗어나 고객의 니즈와 운영자 관점이 혼합된 개선 방향성을 주도적으로 제안할 수 있게 된다.

'고객 되어 보기' 프로그램은 체크리스트 만들기부터 시작한다. 호텔 스태프들은 아이디어 미팅에 참석하여 고객의 입장에서 상품 서비스 이용 동선을 구체적으로 그려보고 각 동선에서 요구하는 서비스 항목과 수준을 정의해 본 뒤, 이를 점검할 체크리스트로 만든다. 예를 들어, '앱에서 호텔 예약 → 체크인 → 객실 → 룸서비스 → 피트니스 → 카페 → 체크아웃' 식으로 동선을 그리고 난 후, '앱을 이용한 호텔 예약' 절차는 클릭 횟수, 속도, 일정 수정 및 변경 용이성 등의 서비스 품질 속성을 정하고, '클릭 횟수 30번 이내', '예약 완료 5분 이내' 등의 체크 항목과 요구 수준을 지표와 숫자 중심으로 세운다. 체크리스트가 완성되면 스태프는 호텔 서비스를 이용하고 체크리스트를 완성한 후, 그 결과와 본인의 서비스 혁신제안을 스태프 미팅 때 공유한다. 호텔 운영자는 스태프가 제안한 내용에 대해 수용, 조건 수용, 보류, 거절 등으로 즉각 피드백해 준다.

'고객 되어 보기' 프로그램을 통해 호텔은 혁신적인 상품과 서비스를 개발하여 고객에게 제공할 수 있다. 또한 호텔 스태프들이 고객의 시각에서 Pain points를 이해하고 운영자적인 시각까지 곁들여 현실적인 대안을 제시함으로써, 호텔 경영자 시각까지 이해하게 되는 리더십 양성 효과도 얻을 수 있다.

제12화 '경험'이라는 상품

가족들과 여름휴가를 리조트에서 일주일 동안 보냈다. 체크아웃 때 사용한 총 경비는 200만원이다. 200만원을 지불한 대가로 받은 것은 무엇인가? 또 같은 여행길에 쇼핑센터에서 멋진 가방과 옷을 사고 같은 값을 치렀다고 가정해 보자. 들뜬 기분으로 손에는 멋진 가방과 옷이 들려져 있을 것이다. 리조트 사용경비에 대한 대가는 무엇일까? 그것은 바로 '경험'이다. 가족들과 일주일간의 소중하고 행복했던 시간 경험이다. 호텔은 바로 이 '경험'이라는 상품을 파는 곳이다.

경험 프로세스 디자인은 호텔서비스 전략 디자인의 핵심 요소이다. 호텔을 탐색하는 과정에서의 모바일 앱, 후기, 인터넷 검색, 홈페이지, 마일리지 등의 경험, 호텔 첫인상. 용모, 향기, 음악, 조명, 인테리어. 공기, 조경, 음식의 맛, 인터넷 속도, 하우스키핑 서비스 등등이 모두 모여서 '경험'이라는 상품을 만들어 낸다. 호텔 경영자는 이런 경험 상품을 구성하는 요소들을 호텔 전략과 조화시킬 수 있어야 한다. 일주일을 호텔에 머무르는 동안 1명의 고객은 평균적으로 50명의 호텔 스태프들과 만나게 되고, 2,000여 개의 포인트를 경험하게 된다. 예를 들어 조식 서비스의 경우, 스태프 서비스, 음식의 맛, 텍스쳐, 온도, 서비스 속도, 공기의 질, BGM, 위생 등 수많은 요소를 자신도 모르는 사이에 경험하게 된다. 여기서 중요한 것은 '최소율의 법칙'이 적용된다는 사실이다. 50명의 직원, 2,000여 개의 경험 포인트 중 가장 낮은 수준의 경험이 전체 경험의 수준을 결정한다는 것이다. 따라서 서비스 경험 포인트 중 취약점을 잘 이해하고 해당 포인트의 수준을 높이는데 인풋을 집중하는 것이 좋은 경험 상품을 만드는 요소이다.

경험 상품은 고객 경험을 이해하는 스태프들이 잘 제공할 수 있다. 서비스 스태프들의 트레이닝은 '고객 경험'에 초점이 맞춰져야 한다. 즉, 직원들이 고객의 입장에서 서비스를 경험해보고, 의견을 내고, 개선하고, 점검하는 등의 경험 트레이닝이 중심이 되어야 한다. 예로, 식당의 의자가 삐걱거리는 소리가 난다는 고객 컴플레인의 원인이, 서비스 스태프가 의자를 넣고 빼 주기만 해 봤지 제대로 앉아 보지는 못한 데 있는 경우도 있을 수 있다. 의자에 앉아서 이리저리 움직여보고 의자 눈높이에서 들어오는 경치, 유리창, 오브제, 조명, 상대방 등을 경험해보고 나면, 서비스할 때 훨씬 고객의 입장을 잘 이해하고 보다 훌륭한 경험을 제공할 수 있게 된다. 또 예약담당 스태프도 객실, 수영장, 식당, 인터넷, 모바일 앱 등 상품 프로세스를 직접 경험하고 나면, 고객의 니즈에 맞춘 경험을 제공하는데 도움을 줄 수 있다. 호텔의 상품은 모바일 예약 UI/UX, 이동 서비스, 만나는 스태프의 미소, 맛, 쾌적한 공기, 음악, 편안한 숙면 침구 등이 어우러진 '오감 경험'이다

호텔의 상품은 경험이다. 모바일 예약절차의 매끄러움, 친절한 스태프, 맛있는 식사, 좋은 음악, 쾌적한 공기, 촉감 좋은 침구, 편안한 이동 등이 어우러진 '오감 상품'이다.

제13화 고객이 원하는 상품 만들기

데이터를 확보하여 고객을 세부적으로 쪼개고, 고객의 구매 및 이용 패턴을 정확하게 이해했다면, 고객이 아쉬워하는 부분(Pain points)을 볼 수 있다. 그 부분을 어떻게 해결해줄 것인가에 초점을 맞춰 기존 상품을 수정하거나 아예 새로운 상품을 출시하게 되면, 고객들은 자신들의 Pain points를 해결해주는 상품에 칭찬을 아끼지 않을 것이다.

고객 쪼개기를 여러 번 하다 보면 인구 통계적인 접근 외에 다양한 방법이 있다는 것을 알게 된다. 예를 들어 피트니스 안에 있는 비거리가 짧은 골프연습장을 좀 더 활성화시키기 위해 고객 쪼개기를 해 본다고 가정해 보자. 참고로 이 골프연습장 운영자는 주변의 경쟁 연습장에 비해 비거리가 짧고, 스크린골프 시스템도 없어서 타구분석이 안된다는 점을 가장 큰 약점으로 여기고 있었다.

세부적이고 다면적인 고객 분석을 위해 연령, 성별, 거주지 등의 기본적인 통계분석 외에 골프 실력, 월간 라운딩 횟수, 연습장 이용 목적, 이용 골프장, 동반 회원, 매출, 상품 등의 다양한 속성들을 추가한다. 만약 매출 비중이 높은 핵심 고객 프로파일이 '40대 여성 초보 골퍼'라고 정의했다면, 핵심 고객들을 대상으로 설문이나 인터뷰 등을 통해서 골프 연습장에 오는 이유 또는 과거 떠난 고객들의 원인 등을 파악한다. 그 결과 골프연습장에 오는 이유는 강습을 받기 위함이고, 떠난 이유는 강사의 실력 때문이었다면, 고객의 Pain points는 '강습의 질'이고 핵심 니즈는 '골프 타수 100 돌파'가 된다. 운영자가 약점으로 생각하고 있던 '비거리'나 '스크린골프 시스템' 과는 전혀 다른 포인트가 도출되었다.

다면적인 고객 쪼개기를 통해 고객을 새롭게 정의하고 보니, 과거의 약점은 아무런 문제가 되지 않았고, 강화해야 할 부분이 '강습의 질' 즉, 실력 있는 강사를 확보하는 것이 급선무였다. '비거리'나 '스크린 골프 시스템'은 매출 비중이 낮은 일부 실력 있는 고객들의 니즈였다.

고객 쪼개기를 통해 핵심 고객을 정의하고 그 고객의 핵심 Pain points를 파악했다면, 다음은 이를 해결해줄 상품을 만든다. 핵심 고객들의 '타수 100 탈출'을 위한 강사, 시간대, 가격, 필드레슨 등의 상품을 출시하여 그들의 니즈를 해소해 준다면, 경쟁력 있는 골프연습장으로 거듭날 수 있다.

제14화 경계에 답이 있다

　여행을 가려면 항공, 호텔, 렌터카, 액티비티 등을 알아보고 예약하는데 많은 시간을 들여야 한다. 물론 '여행은 준비하는 과정이 즐겁다'라는 말도 있지만 일상이 바쁠 때는 하나하나 챙겨보기가 쉽지 않다. 그렇다고 여행사가 정해준 대로 따라다니는 패키지여행은 왠지 내키지 않는다. 모바일 앱에 여행지, 기간, 액티비티, 호텔 수준, 먹고 싶은 음식, 예산 등의 선호도를 입력하면, 개별여행을 제안해주고 관련 리뷰도 참고할 수 있다면 유용한 서비스가 될 수 있다.

　건강검진을 받으면 건강에 관련된 많은 지표를 얻을 수 있다. 이 건강 지표를 물리치료사나 피트니스 트레이너에게 알려주면 나에게 적합한 운동을 추천해준다. 영양사는 건강지표를 개선할 식단을 제공해준다. 1년에 한 번 있는 건강검진 외에 3개월 단위 혈액검사를 통해 혈액 건강지표의 개선 정도를 확인하고 트레이너 및 영양사와 연계해서 3개월 개선 프로그램을 시행한다. 이 모든 과정은 모바일 앱에 기록된다. 한 사람의 건강 개선을 위해서 병원,

혈액검사, 피트니스, 식단관리 등 여러 도메인이 통합되어 한 곳에서 고객 한 사람의 정보를 모아 놓고 인풋과 아웃풋을 관리해 나간다면, 고객의 건강 개선에 영향을 주는 인자를 쉽게 찾아내어 보다 효과적인 건강관리가 가능해질 것이다. 하지만 아직까지는 여러 가지 제약으로 인해 위와 같은 서비스는 한계가 있다. 고객이 병원, 피트니스, 식단관리까지 스스로 찾아서 해결해야한다.

우리나라의 의료기술 수준이 높다 보니 최근에는 의료관광 수요가 늘고 있다. 병원, 호텔, 보험사, 여행사들이 연계하여 하나의 통합상품을 만들면 고객은 원하는 서비스를 편리하게 받을 수 있다.

소득 수준이 올라가고, 1인 가구가 늘어나고, 배민, 쿠팡 등 플랫폼 산업이 확산되는 추세에 따라 주거시설에서 배달을 통한 식사가 늘어나고 있다. 이로 인해서 정크푸드, 음식물 쓰레기, 1회용품 과다 사용 등 빠르고 편리함이 가져다주는 또 다른 사회적 문제를 야기하고 있다. 따라서 주거시설 커뮤니티에서 건강한 식사와 운동이 제공된다면 입주민들의 건강한 라이프스타일을 도울 수 있을 것이다.

혁신은 경계에 있다. 고객이 각 사업 도메인을 하나씩 찾아서 니즈를 해결하고있는 프로세스를 찾아서 이를 하나로 묶어주는 서비스를 출시하게 되면 고객 입장에서는 고마운 '혁신 상품'이 된다.

제15화 상대의 호주머니를 먼저 채워라

경영서적에서 읽은 내용이다. 과자 포장지를 인쇄하여 판매하는 인쇄공장 A가 있다. 이 공장은 규모는 작지만 성실한 품질관리로 대형 과자회사와 오랫동안 거래해오고 있어서 매우 안정적이다. 하지만 주변에 대형 인쇄공장 B가 들어서면서 분위기가 완전히 바뀌었다. 대형 공장 B는 규모의 경제를 앞세워 1매당 인쇄 단가를 현재 100원에서 50원으로 낮춰 주변의 소형 인쇄공장들의 물량을 흡수해 나갔다. A공장의 거래처에서도 인쇄 단가를 50원으로 낮춰 달라는 요구가 들어왔다. A공장의 손익분기점에 해당하는 장당 인쇄 단가는 60원이라 50원에 납품하는 것은 불가능하다.

당신이 A공장의 경영자라면 어떻게 할 것인가?

A공장 사장은 난관에 부딪혔다. 하지만 다행인 것은 오랜 기간 동안 성실하게 거래를 해온 탓에 고객사에서도 A공장의 사정을 이해해주려고 노력하여 시간적인 여유를 주었고, A공장 사장도 고객사의 인쇄물에 대한 니즈와 불편한 점을 정확히 파악하고 있었다. 과자회사도 시장점유경쟁이 매우 치열했고, 경쟁 전략의 일환으로 한 달에 한 번씩 프로모션을 하고 있어서 그 내용이 인쇄물에 반영해야 했다. 인쇄공장 B는 3개월 물량을 대량 생산하여 단가를 50원으로 낮췄는데, 실제로 사용하는 인쇄물은 인쇄 내용 변경으로 한 달치밖에 안되었던 것이다.

즉, 인쇄물 구매 단가는 50원이지만, 실제 사용한 인쇄물의 장당 단가는 150원이었다. 또한 사용하지 못하고 남는 인쇄물들은 창고에 두었다가 폐기하고 있었는데 이 과정에서 공간과 비용이 추가로 발생해서 이 또한 문제였다.

A공장 사장은 이 점에 착안하여 실제 사용 인쇄 장당 단가를 120원으로 하되 폐기하는 물량이 없도록 하겠다고 제안했다. 어차피 A공장은 다품종 소량생산체제 이기 때문에 추가 비용은 없다. 과자공장은 실제 사용 장당 단가가 150원에서 120원으로 절감되고, A공장은 기존 단가 100원에서 120원으로 상승하는 원-원 거래가 만들어진 것이다.

호텔 운영자는 물품구매 협상, 신상품개발 등에 있어서 '상대방의 호주머니를 채우는'것을 먼저 생각해야 한다. 여기서 상대방은 협력회사가 될 수도 있고, 고객이 될 수도 있다. 협력회사와 고객의 입장에서 원하는 것이 무엇인지를 잘 파악하면 윈-윈 거래의 성공확률이 높아진다. 단순히 물품구입단가를 낮추기보다는 주문물량을 늘리거나, 대금지급조건을 유리하게 해 주거나, 장기계약을 하거나 하는 식으로 상대방이 원하는 것을 채워주고 나면, 내가 원하는 것을 요구할 틈이 저절로 생기기 된다. 신상품을 개발할 때도 마찬가지이다. 고객이 어디에서 불편을 느끼는지를 잘 살펴서 그 불편을 해결해주면 호텔도 그 대가를 요구할 수 있다.

핵심은 고객을 잘 이해하는 것이다. 내가 고객의 입장이 되어보고, 고객사 사업의 시장상황과 Pain points를 살펴, 고객의 호주머니를 먼저 채워주는 것이 윈-윈 수익모델을 만드는 첫걸음이다.

제16화 즉각 반응하라

앨빈 토플러는 '부의 미래'에서 '우리가 사는 사회는 교육, 정치, 문화, 법, IT 등 각 분야별로 발전하는 속도가 다르며, 이 속도의 차이를 줄이는 노력이 '부'를 만들어내는 원천이다'고 통찰했다. IT기술은 시초를 다투며 발전하고 있는 반면에 법이나 교육 시스템은 수년, 수십 년 전의 틀에 머물러 있는 경우가 많다. 코로나 상황에서 대학의 화상교육은 단적인 사례이다. 경쟁이 치열한 기업에서는 이미 오래전에 화상 미팅이 일반화되었지만, 교육 현장에서는 오프라인 중심에서 이제서야 벗어나려 하다 보니 수요자들의 반발에 부딪히고 있다.

시장의 흐름과 고객의 니즈를 파악한 후, 좋은 상품에 대한 아이디어가 나왔다면 그 다음부터는 '시간 싸움'이다. 엔진 자동차는 개발기간이 2~3년 소요된다. 반면에 전기 자동차는 디지털 기술을 적용하여 소프트웨어의 업데이트를 통해 신차가 아닌 새로운 버전의 소프트웨어 출시를 하고 있어 기획에서 출시까지의 시간이 훨씬 단축되었다. 나아가 디지털 플랫폼은 시장

출시 이후 업데이트를 거의 매일 하고 있다. 갈수록 원판 간의 속도 차이가 심해지고 있다. 3년 전에 파악한 시장의 흐름과 고객의 니즈가 출시시점에서는 대체 기술의 출현으로 과거가 되고 만다. 신차가 출시되었는데 오래된 차가 되고 마는 것이다. 예를 들어 모바일 앱에서 실시간으로 업데이트되는 교통정보가 제공되고 있어, 빌트인 내비게이션은 자리만 차지하는 '지난' 기술이 되고 만다.

호텔 운영자는 새로운 상품을 출시할 때, '반응' 중심으로 생각해야 한다. 물론 객실 크기, 식당 콘셉트 변화 등 하드웨어적인 투자가 뒤따르는 상품 변경은 '기획'에 시간을 들일 수밖에 없다. 하지만 하드웨어의 변화가 없는 소프트 상품 변경의 경우에는 '기획'에 소요되는 시간을 줄이고, 출시 후 '반응'을 예민하게 살피면서 '조정'하는 프로세스에 무게중심을 두어야 한다.

'반응' 중심으로 상품 개발 프로세스를 바꾸면, 개발기간이 짧아져 시장과 고객 니즈에 기민하게 대응할 수 있고, '나의 생각'과 '고객의 생각'의 차이를 줄일 수 있게 되어 신상품 성공확률이 올라간다. 오랜 기간 충분한 '기획' 과정을 거쳐 상품을 출시하고, 한 번 출시된 상품은 고객 반응과 상관없이 정형화된 SOP대로 판매하게 하는 '기획중심' 개발은 경쟁자가 없고 대체 기술의 개발이 느린 시기의 개발방식이다. IT기술 빠른 발전 속도로 거의 모든 상품이 빠르게 업데이트되고 있다. 어제의 고객 니즈가 오늘은 이미 충족되어버린 경우가 많은 것이다. '기획' 중심에서 '반응' 중심으로 옮겨야 하는 이유가 여기에 있다.

제17화 반려동물과 호텔을 즐기고 싶어요

호텔은 라이프스타일업이다. 자고, 먹고, 만나고, 힐링하며, 운동하는 등 호텔 안은 삶을 압축해 놓은 것처럼 많은 라이프스타일이 존재한다. 따라서 호텔은 새로운 라이프스타일을 선도적으로 제안하는 각축장이기도 하다. 많은 글로벌 체인들은 고객을 쪼개고 쪼갠 고객 중 핵심 고객을 정해서 그 고객의 라이프스타일을 분석한 다음, Pain points를 찾아내어 이를 해소해줄 새로운 브랜드를 출시하여 또 다른 라이프스타일을 제안한다.

국내 한 리조트에서는 '반려동물 전용 호텔'을 출시하였다. 통계청이 발표한 2020 인구주택 총조사에서 국내 반려동물 양육 가구수는 313만으로 전체 가구의 15%에 달한다. 반려동물 시장 규모가 커지면서 TV 프로그램, 미용, 위탁관리, 사료, 용품, 수의 진료, 카페 등 관련 '펫코노미 산업'들도 급속히 성장 중이다. 반려동물을 가족으로 여기는 상황에서 반려동물과 자연에서 휴가를 보내고 싶은 고객의 Pain points를 읽어내어 상품화한 것이다. 반려동물 호텔에는 반려동물을 위한 모든 것이 준비되어 있다. 침실, 욕실, 음식, 야외 놀이터, 수영장 등 그야말로 반려동물의 천국이 따로 없을 정도이다.

1인 가구, 욜로, 워라밸, 몸짱 등의 새로운 라이프스타일을 제안하는 2030 젊은 세대들이 기존 산업에 참여하면서 새로운 Pain points들을 찾아내어 제공하는 사업들이 늘어나고 있다. 카페, 피트니스 등은 2030 세대들의 새로운 니즈에 맞춘 상품을 개빌하고 SNS나 모바일 앱 등의 디지털 채널을 적극 활용함으로써 기존의 산업 패러다임을 바꿔가고 있다.

여러 가지 라이프스타일 중 '건강'은 가장 기초적인 욕구이다. 우리나라의 평균수명은 83세이고 건강수명은 72세이다. 평균수명과 건강수명의 차이 10년은 병원, 요양원 등에서 보내는 '삶의 질'이 급속도로 떨어지는 기간이다. '건강하게 백세까지' 지내고 싶은 것이 오래된 염원이기도 하다. 미국의 한 프리미엄 피트니스 체인은 피트니스에 호텔을 더한 건강 호텔 브랜드를 출시하였다. 호텔이 기존에 제공하던 '라이프스타일'에 '건강'이라는 가치를 더해 '건강해지는 호텔'이라는 가치를 브랜딩 해보면 이런 고객의 Pain points를 해소하는 상품이 될 수 있다.

고객 쪼개기를 통해 고객을 세분화하고, 각 고객 그룹별로 Pain points를 도출하면 여러 가지 브랜딩이 가능해진다. 예를 들어 '몸짱'을 원하는 2030 고객들에겐 유전자 진단, 건강검진, 체형진단, 운동·식이 제안, 단백질 식단, 퍼스널 트레이닝 클래스 등의 상품을 제공하고, 5060 고객들에겐 건강검진, 혈액 건강 운동·식이 제안, 7080 고객들에겐 건강해지는 라이프 케어 호텔 상품을 제공하면 새로운 가치제안을 할 수 있다.

반려동물과 호텔에서 즐거운 시간을 보내고 싶은 고객이 늘어나고 있다

제18화 거북선 만들기

　햇살 좋은 날 바닷가 리조트 호텔의 야외 테라스 카페에서 식사를 한다고 생각해보자. 생각만으로도 여유롭고 힐링이 되는 듯하다. 하지만 갑자기 돌풍이 불고 비까지 내린다면 이런 여유로운 휴식은 물거품이 되고 만다.

　리조트를 이용하는 고객들은 '아웃 도어'를 좋아한다. 호텔 테라스에서 창문을 열고 밖의 경치를 보는 것도 좋지만, 모처럼 도시를 떠나 좀 더 자연과 가까이 맑은 공기와 풍경을 직접 즐기고 싶어 한다. 하지만 야외는 쾌적한 기후조건이 맞지 않으면 즐기는데 제약이 생긴다. 비가 오나 바람이 부나(강풍에는 어렵다) 기온이 덥거나 춥더라도 야외에서 자연을 즐기면서 여유로운 시간을 가질 수는 없을까?

　거북선은 임진왜란 당시 판옥선의 갑판 위에 뚜껑을 덮어 씌운 배로 어떤 상황에서도 막강한 공격력과 수비력을 바탕으로 적 함선을 무찌른 전천후 돌격선이다. 리조트에 이런 거북선이 있다면 기후의 제약을 최소화하면서 야외에서 자연과의 교감을 즐길 수 있다.

거북선을 만들어 보자. 투명 재질의 이동형 4인 식당을 만들어 그날그날 상황에 맞게 가장 좋은 뷰와 쾌적한 곳을 정하여 세팅한다. 고객들은 식당 안에서 외부 기후와 상관없이 쾌적한 환경에서 밖의 자연을 즐길 수 있게 된다. 밤이 되면 식당 내부에서 별이 쏟아지는 경험도 할 수 있다. 이렇게 야외에서 자연을 즐기는 리조트 개념은 캠핑카, 글램핑 등으로 확장이 가능하다.

물론 이 경우에도 BOH(Back Of House; 서비스 준비 구역) 서비스 프로세스를 잘 고려해야 한다. FOH(Front Of House; 서비스 제공 구역) 측면에서 야외 식당은 고객들에게는 최고의 경험을 선사할 수 있다. 하지만 서비스 동선, 메뉴, 야외식당 시설 유지관리 등 BOH에 대한 고려가 사전에 철저히 준비되지 않으면, 서비스 스태프들에겐 부담이 될 수도 있고, 이로 인해 최고의 고객 경험을 지속적으로 제공하는데 걸림돌이 된다.

리조트호텔 운영자는 고객들이 오랜만에 자연과 하나되어 마음껏 즐기고 싶어 한다는 점에 귀를 기울일 필요가 있다. 야외식당, 캠핑, 글램핑, 그 밖의 아웃도어 액티비티들을 호텔 주변 자연 상황, 운영 프로세스 등을 고려하여 제공하면, 최고의 고객 경험과 수익성 두 마리 토끼를 동시에 잡을 수 있는 상품이 될 수 있다.

제19화 고객 리드하기

최고의 호텔은 어떤 모습일까? 안전하고, 청결하고, 쾌적하고, 맛있고, 멋있고, 친절한 호텔을 점검하는 5 스타 체크리스트에 모두 만점을 받고, 건물, 인데리어, 예술품 등 럭셔리한 하드웨어와 프로페셔널하고 친절하고 따뜻한 스태프들이 있고, 편리함을 더해주는 디지털 기술로 무장한 호텔은 고객의 사랑을 받는다.

호텔 경영자들의 고민은 이러한 상품과 서비스 속성을 준비하기 위해 투입되는 인풋(투자와 비용)이 아웃풋(고객이 느끼는 지불가치)과 얼마만큼 균형을 유지할 수 있느냐에 있다. 혁신적인 상품은 지불가치를 뛰어넘는 'WOW'를 제공해야 하고 고객들은 'WOW'를 원한다.

호텔에서 하는 인풋의 양이 고객가치의 'WOW'를 결정하지는 않는다. 고객이 가치를 느끼지 못하는 인풋요소로 호텔을 가득

채우고 가격을 비싸게 받으면, 고객은 지불가치를 느끼지 못할 것이다. 하지만 뭐가 필요하고 뭐가 불필요한 요소인지를 정확히 고객 본인도 설명하지 못하는 경우가 많다. 그냥 막연하게 '이 정도의 서비스에 이런 가격을 내야 하다니' 또는 '이런 서비스를 받고도 이 가격밖에 안된다고?' 하며 느낄 뿐이다.

대부분의 호텔에서 제공하는 상품과 서비스에 대해서 고객들은 지불가치 기준을 가지고 있다. 여러 호텔서비스를 경험한 고객들은 브랜드, 건물, 객실 크기, 조망, 인테리어와 어메니티 수준, 음식의 질, 스태프들의 전문성 등을 대략의 지불가치를 정하고 실제 지불 가격과의 차이를 비교한 다음, '가격이 싸다, 비싸다'를 가려낸다.

만약 호텔에서 제공하는 상품과 서비스가 고객의 지불가치 기준에 없는 내용이라면 고객은 비교의 대상이 없는 서비스를 받고 새로운 가치 기준을 세우게 될 것이다. 이때 받은 서비스가 고객이 꼭 필요로 하던 숨겨진 니즈였다면 '아 그래, 바로 이거야, 이런 서비스가 있어야 돼'라고 감동하게 되고, 기꺼이 지불하게 된다.

호텔 운영자는 항상 고객들이 해당 프라퍼티에서 고객 본인도 모르는 어떤 숨겨진 니즈를 갖고 있는지를 찾아내는 노력을 기울여야 한다. 리조트에서 제공하는 트래킹, 캠핑, 별 보기 등 자연체험 액티비티, 지구환경 살리기에 동참하는 그린 패키지, 비즈니스 고객을 시간을 돕는 비서 서비스 또는 런치 박스, 건강해지는 호텔, 어린이 보호 프로그램, 반려동물 호텔 등 기존의 틀에서 벗어나 고객의 니즈를 다차원적으로 들여다보면 새로운 가치를 발견할 수 있다.

　고객에게 정해진 뻔한 상품을 적정 가격에 제공하는 것이 아니라, 고객이 'WOW'하는 새로운 가치를 창조하여 기꺼이 지불하게 하는 것이 최고의 호텔이다.

고객도 모르는 숨겨진 니즈를 찾아 WOW! 를 제공하라

제20화 신상품은 '아이'와 같다

　아래와 같은 질문을 던져보자. 지금 시장에서 가장 핫한 상품은 무엇인가? 고객은 왜 그 핫한 상품을 찾고 있나? 우리만 가지고 있는 차별화된 상품은 무엇인가? 고객은 왜 우리의 상품을 찾는가? 우리는 이 상품들을 언제 만들었는가? 계속 변하는 시장과 고객 니즈에 맞추려면 혁신 상품을 지속으로 출시해야 한다. 잠시 신상품의 성공에 취해 있는 순간 고객과 시장은 또 다른 곳으로 옮겨가고 있을 가능성이 크다는 점을 잊어서는 안 된다.

　혁신상품 출시 프로세스는 개발 리드타임을 고려해야 한다. 하나의 상품을 출시하기 위해 적어도 3~6개월 이상의 준비기간이 필요하다. 시장 트렌드 조사, 고객 니즈 조사, 신상품 기획, 알파버전 출시, 피드백, 보완 후 베타 버전 출시, 피드백, 보완 후 정식 출시, 피드백, 보완, 평가 등의 절차를 거쳐 신상품을 출시한다. 모든 상품은 도입-성장-성숙-쇠퇴 등 라이프 사이클이 존재한다. 따라서 상품이 성장기에 들어서면 다음 상품개발에 착수해야 한다. 신상품이 성숙기에 들어설 때 또 다른 신상품이 출시되어 도입기를 거쳐 성숙기까지 거치는 시점 관리를 해주어야 지속적인 혁신성장이 가능해진다. 전체적인 신상품 개발 리드타임을 줄이기 위해, '기획'에 너무 많은 시간을 들이기보다는 조기에 출시하고 고객 '반응'에 무게 중심을 두고 시장에 맞춰 나가는 유연한 개발 방식(Agile 방식)을 호텔 상품에도 도입해야 한다.

고객의 니즈와 시장의 흐름을 항상 파악하는 전문적인 MI (Market Intelligence; 시장정보) 역량을 갖추고 있어야 변화에 빠르게 반응할 수 있게 된다. 길을 가다 발바닥에 못이 찔렸는데도 감지가 안되고 대응이 늦어지면 너 큰 상처로 번질 수 있다.

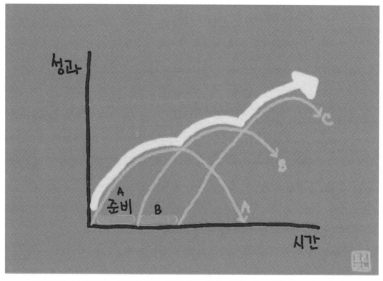

상품 A가 성장할 때 신상품 B를 준비해야 한다. 개발 리드타임을 고려해야 한다

고객은 가장 훌륭한 인테리어

제21화 5 스타 고객

호텔의 단골 고객이고 매출 기여도도 높은 고객 A, 저녁시간에 친구들과 함께 호텔 내부 식당에서 만취상태로 스태프들과 주변 고객들에게 행패를 부리고 기물을 파손했다. 식당 스태프 얘기로는 자주 이런 일이 있어 곤혹스럽다고 한다. 그뿐 아니다. 이 고객은 최근에 호텔 로비의 새로운 감각적인 디자인 콘셉트가 마음에 안 든다고 바꾸라고 한다. 당신이 호텔 운영자라면 어떻게 할 것인가?

호텔 경영자는 시장과 고객의 흐름을 면밀하게 살피고 핵심 고객을 정의하는 작업을 하게 된다. 호텔이 정한 핵심 고객은 그 호텔의 정체성과 같은 의미를 갖는다. 핵심 고객에 따라 호텔은 가족 휴가 호텔, 체류형 휴양 호텔, 비즈니스호텔, 여행자 호텔 등의 별칭을 갖게 된다. 핵심 고객의 특성을 가상적으로 정의한 프로파일링도 하게 된다. 연령, 성별, 라이프스타일, 소득 수준, 거주지, 직업, 소비 U&A 등을 이용하여 핵심 고객을 구체화한다. 핵심 고객을 정의한 후에는 실제로 호텔에 핵심 고객이 몇 % 나 있는지, 그들이 좋아하는 요소는 무엇이고 싫어하는 요소는 무엇인지 등을 면밀히 살피고, 이들의 기호에 맞게 호텔 운영을 바꿔 나가야 한다. 이를 위해 핵심 고객을 잘 이해하는 라이프스타일 전문가나 고객 FGI (Focus Group Interview), IDI (In-Depth Interview) 등을 통해서 피드백을 받고 핵심 고객 니즈에 가까워질 수 있도록 지속적인 노력을 기울여야 한다.

'파이브 스타 호텔은 파이브 스타 게스트가 정의한다'는 말은 호텔업계에서는 유명한 문구이다. 5 스타 호텔을 만들고 싶다면 5 스타 게스트가 많이 찾아오게 만들어야 한다. 호텔의 위치, 시설 크기, 럭셔리한 인테리어 등은 자본력으로 해결할 수 있지만 5 스타 호텔의 본질은 '최고급 품질의 서비스'에 있다. 위치, 시설, 인테리어 등이 5 스타 호텔의 필요조건일 수는 있지만 충분조건은 되지 못한다. 파이브 스타 호텔이 되기를 원했고, 이를 위해 많은 노력과 시간과 자본을 투자해 왔다. 그 결과 당신이 생각했던 파이브 스타 호텔의 모습이 완성되었다. 하지만 이제부터 시작이다. 가장 중요한 5 스타 고객 모시기를 해야 한다. 이는 그동안 당신이 기울여왔던 노력보다 훨씬 더 어려운 과제가 될 것이다.

진정으로 5 스타 호텔을 원한다면 매출을 많이 올려 주기는 하지만 말썽을 피워 호텔 이미지를 해치는 고객은 과감하게 '정리' 해야 한다. '고객 정리'가 5 스타 호텔이 되는 첫 길이다. 훌륭한 시설을 갖추고도 진정한 의미의 5 스타 호텔이 되지 못하는 이유가 바로 여기에 있다.

제22화 고객은 가장 훌륭한 인테리어

장면 1, 맛집으로 알려진 식당에서 식사를 하고 있다. 식당은 오래되어 허름한데 식당 안에는 손님이 꽉 차 있고 밖에는 아직 들어오지 못한 손님들이 번호표를 받아서 대기하고 있다. 장면 2, 시내 한 복판 좋은 자리에 고급 인테리어로 멋지게 꾸민 식당 안, 직원들 용모나 서비스도 훌륭하고 모든 것이 완벽해 보이는데 손님이 없어 썰렁하다.

호텔은 '고객'이 생명이다. 시설, 위치, 인프라, 인테리어 등 모든 것이 훌륭해도 고객이 없으면 의미가 없다. 이런 의미에서 '고객'은 가장 훌륭한 인테리어이다. 새로 호텔을 오픈한 경영자는 한 동안은 (길게는 1~2년 동안) 고객이 없어 굉장히 힘든 시간을 보내게 된다. 예를 들어 하루에 최소한 100명은 와야 하는데 10명만 온다고 가정해보면, 호텔 경영자는 나머지 90명을 더 유치하기 위한 아이디어를 모으는데 고심할 것이다. 하지만 이는 적절한 방법이 아니다. 물론 신규 고객의 유치도 중요한 일이지만, 에너지의 대부분은 오늘 호텔을 방문한 10명의 고객에 집중할 수 있도록 운영해야 한다. 새로 오픈한 호텔에 정상궤도의 고객이 채워지기까지는 시간이 필요하다.

보이지는 않지만 대부분 고객들은 물 흐르듯이 자신의 흐름을 갖고 소비패턴을 유지한다. 호텔이 새로 오픈했다고 해서 고객들이 기존의 패턴을 무시하고 우르르 하루아침에 당신 호텔에 몰려올 것이라는 환상은 버리는 것이 좋다. 당신이 지금 할 일은 호텔에 방문한 소수의 고객들을 충분히 만족시켜서 이들이 당신 호텔의 팬이 되게끔 하는 일이다.

호텔, 백화점, 식당 등 라이프스타일 산업은 '소비 루틴'이 있는 산업이다. 집 앞 국밥집은 일주일에 한 번, 스테이크 하우스는 분기에 한 번, 호텔은 반기에 한 번 하는 식이다.

예를 들어, 오늘 호텔에 온 고객 10명은 소비 루틴에 따라 향후 6개월 이내에 다시 호텔을 이용한다. 이 10명의 고객을 모두 충분히 만족시켰다면 이들은 재방문 한다. 뿐만 아니라 만족한 고객은 각자 지인 10명에게 적극 추천하고, 그 중 10%는 향후 잠재 고객이 된다. 하루에 10명의 고객을 계속해서 완벽하게 만족시킨다면, 한 달이 지난 뒤에는 6개월 내 한 달 동안 재방문할 잠재고객이 600명 {(방문고객 10명 + 잠재고객 100명 × 10%) × 30일}으로 늘어날 것이다.

물론 처음 몇 달 동안 당신 호텔을 찾는 고객은 여전히 10명이다. 하지만 고객 이용 루틴을 한번 지나면 고객은 기하급수적으로 늘어나기 시작한다. 6개월이 지나면 고객은 20명이 될 것이고, 그 다음 6개월이 지나면 40명, 그 다음 6개월 후에는 80명, 그 다음 6개월 후에는 160명 하는 식으로 늘어나게 된다.

오늘 당신에게 찾아온 고객 10명을 완벽하게 만족시키는데 집중하면, 머지않아 호텔은 멋진 고객 인테리어로 채워 나갈 수 있다.

제23화 고객 쪼개기

맞춤 양복점에서 성인의 키를 잴 때, 좀 과장해서 측정자가 미터 단위인 양복점과 센티미터 단위인 양복점이 있다면, 결과값은 전자에서는 1~2미터, 후자에선 185센티미터로 나올 것이다. 두 양복점의 맞춤옷 품질이나 옷감 사용량면에서 차이가 극명하게 날 것이다. 고객을 미터 단위로 이해하고 있는 것과 센티미터 단위로 이해하고 있는 것은 고객만족과 호텔 운영효율 측면에서 엄청난 차이가 있다.

새로운 호텔 브랜드를 개발하거나, 새로운 상품과 서비스를 개발할 때 가장 중요한 과정이 바로 '고객 쪼개기(Customer Segmentation)'이다. 고객 쪼개기에는 여러 가지 방법이 있다. 먼저 가장 많이 쓰는 방법은 인구 통계적인 접근이다. 연령, 성별, 주거지역, 소득 수준, 가구원수 등의 통계를 가지고 한 집단의 표본 조사를 해 보면, 대략 그 집단의 특성을 대변하는 대표 프로파일을 도출해 낼 수 있다. 예를 들면 대표 프로파일이 '30대 고소득 전문직 싱글 여성'으로 정해졌다면, 해당 프로파일에 해당하는 고객을 몇 명 만나서 In-depth interview를 해보고 브랜드나 상품에 대한 선호도와 구매 행동 패턴을 파악한 후 이들이 선호할 브랜드나 상품을 개발한다. 이 과정에서 대표 프로파일 고객의 피드백을 계속 받으면서 상품의 완성도를 높인다.

고객 쪼개기는 고객을 이해하는 통계적인 접근 방법이다. 이는 '감'과 '경험'이 아니라 '숫자'즉, '팩트'에 의한 접근을 의미한다. 따라서 통계적인 접근이 깊이가 있으려면 '구체적인 데이터'가 확보되어야 한다. 위에서 언급한 인구 통계적인 접근만 가지고는 피상적인 접근밖에 할 수 없다. 오래전부터 호텔업계에서는 여러 가지 방법을 통해 고객을 이해하는데 필요한 데이터를 수집해왔다. 호텔 예약시스템, 호텔 운영시스템(Property Management System; PMS), 고객의 소리, 설문조사, 고객 인터뷰, 블로그, SNS 등이 그것이다.

고객으로부터 모은 데이터가 유용하려면 가공되지 않은 진실성이 있어야 하고, 고객도 인지하지 못하는 U&A(Usage & Attitude)까지 파악할 수 있어야 한다. 경우에 따라서는 고객의 소리가 편집되기도 하고, 고객이 인터뷰나 설문에 답한 내용과 실제 U&A가 다른 경우도 있기 때문이다. 최근 디지털 기술의 발전으로 앱 경제에서는 고객의 디테일한 U&A를 파악할 수 있다. 회원정보, 로그인, 넘긴 페이지, 클릭, 스와이프, 검색단어, 주문, 별점, 댓글 등의 U&A 빅데이터를 초단위로 분석할 수 있고, AI 기술을 적용하여 알고리즘에 의한 자동 추천 서비스로 추가 방문까지 유도하고 있다.

만약 호텔에서 모바일 앱을 통해서 예약, 체크인, 식당 예약, 체크아웃, 별점, 마일리지, 주문 등의 서비스를 제공하고 있다면 고객 쪼개기는 1명 단위로 또는 1명의 상품별, 시간대별, 계절별 등으로 세부적인 쪼개기가 가능해진다.

　모든 프로세스에 디지털 기술을 적용하여 얻은 데이터를 통해 빠르고 세밀한 개인 단위 고객 쪼개기가 가능해졌다. 호텔 산업에서도 디지털 기술의 활용이 고객감동의 출발점이 되고 있다. 미터 단위, 센티미터 단위, 밀리미터 단위, 어떤 측정자를 가지고 고객을 맞이할 것인가?

창의적인 고객 쪼개기는 데이터에서 출발한다

제24화 쉬러 왔다? 놀러 왔다!

호텔 방문객이 예전에 비해 많이 줄어들어 걱정이다. 스태프들과 논의 끝에 고객 조사를 해 보기로 했다. 조사 결과 과거에 설정한 호텔 브랜드 콘셉드와 현재 고객의 니즈 사이에 차이가 있다는 사실을 알게 되었다.

오픈 당시에는 고객들이 자연 속에서 푹 '쉬다' 가는 콘셉트였다. 이 콘셉트에 따라서 호텔은 럭셔리하게 꾸며졌고 호텔 안에서 모든 게 해결될 수 있도록 식당, 연회장, 정원, 피트니스 등 모든 편의 시설도 잘 갖추었다. 하지만 고객 조사 결과는 이런 콘셉트와 상당한 차이가 있다. 현재 방문하는 고객들은 젊은 가족이 대부분이고, 이들은 오랜 만에 가족들과 좋은 시간을 보내며 즐겁게 '놀기'를 원하고 있다.

'젊은 가족 고객'으로 초점을 맞추고 보니 호텔 운영의 많은 부분에 조정이 필요했다. 먼저 예약 채널이다. '쉬러' 온 고객들과 달리 '놀러' 온 고객들은 인터넷을 통해서, 또는 모바일 앱을 통해 호텔을 선정하고, 성수기에는 항공편이 있는지를 먼저 알아본 다음 호텔을 찾아본다. 갈 '길'을 먼저 알아보고, 쉴 '곳'을 찾고, 차를 렌트하고, 가 볼만한 자연경관, 액티비티, 맛집 등을 찾는다.

고객 조사를 해 보니 영업이 부진한 수수께끼가 풀렸다. 인터넷이나 휴대폰 앱을 통한 예약 채널 관리가 안되어 고객 노출도가 낮았고, 예약을 하려 해도 항공편은 따로 알아봐야 해서 고객을 쉽게 놓치고, '놀러 온' 고객은 조식 후 렌터카를 타고 밖으로 자연을 찾아 나서다 보니 호텔 안에는 고객이 없고 식당 등 호텔 부대시설운영도 제대로 이루어지지 못했던 것이다.

영업부진의 원인이 나왔으니 답은 쉽다. 먼저 할 일은 핵심 고객을 다시 정의하는 일이다. '쉬러 오는 고객'에서 '놀러 오는 젊은 가족'으로 고객 정의를 다시 한다. 수정된 고객이 호텔을 예약하는 경로와 그 경로상 니즈를 파악한 후, 이 해결책을 제시한다. 인터넷과 모바일 앱 채널에 호텔을 노출하고 이를 관리할 전문 조직도 신설한다. 예약 편의를 위해 호텔을 예약하면 항공도 같이 해결해주는 프로세스를 셋업 한다. 다음은 호텔에 온 고객들이 원하는 '놀 것'을 해결해 주는 프로그램을 만들어 운영한다. 리조트 주변에서 즐길 수 있는 액티비티들을 구성하여 젊은 가족 고객들이 다른 곳에서는 맛볼 수 없는 탁월한 고객 경험을 선사한다.

　호텔은 수 십 년이 지나도 하드웨어가 큰 변화가 없지만 고객의
니즈는 짧은 주기로 변화한다. 호텔 운영자는 항상 시장과
대화하면서 현재 정의하고 있는 브랜드 아이덴티티와 핵심 고객의
정의가 유효한지 주기적으로 점검해봐야 한다.

'놀러 온 고객'을 '푹 쉬세요' 콘셉트의 서비스를 한다면
어떤 일이 벌어질까?

제25화 객실에 손님이 없어요

    당신은 리조트 호텔 운영자이다. 해외여행이 늘어나면서 300개에 달하는 객실의 가동률이 50%대에 불과하고 호텔 안에 운영 중인 뷔페식당에는 저녁 손님이 하루에 30명 수준이다. 뷔페 음식 특성상 일정 수준의 고객이 오지 않으면 그날의 재료는 대부분 폐기해야 한다. 말끔한 유니폼을 잘 차려 입은 직원들도 주방과 홀에서 열심히 오픈 준비를 했는데 맞이할 고객이 없다 보니 긴장감이 떨어져 시간도 잘 안 가고 매상 걱정까지 더해져 표정들이 밝지 않다. 어떻게 이 상황을 타개할 것인가?

    리조트 호텔은 대부분 훌륭한 자연경관이 있는 곳에 위치한다. 따라서 서울 등 도심에서는 멀리 떨어져 있는 경우가 대부분이다. 가족들과 모처럼 도심을 벗어나 한적한 곳에서 편안한 시간을 보내기 위해 긴 시간동안 차를 타고 혹은 비행기를 타고 도착한 곳이 바로 당신이 운영하는 리조트 호텔이다.

호텔 운영자는 SOW(Share of wallet; 지갑 지분율)을 고민해봐야 한다. 만일 4인 가족이 3박 여행기간 동안 200만 원의 예산을 책정했다고 가정해보자. 고객의 예산 항목 중 당신의 호텔에서 제공할 수 있는 항목들을 모두 합산해 보니 160만 원이 나왔는데, 고객이 체크 아웃할 때 80만 원을 결제했다면, SOW는 50% (80÷160)가 된다. 이럴 경우 당신은 나머지 50%인 80만 원의 사업기회를 왜 놓치고 있는지 검토해봐야 한다.

객실 가동률이 50%로 저조하다 하더라도 1 객실당 평균 3명이 투숙한다면, 이미 당신의 호텔에는 450명 (300실×50%×3명)의 고객들이 머물고 있다. 이들은 들뜬 마음으로 긴 시간을 거쳐 모처럼 가족 들과의 소중한 추억을 만들기 위해 당신 호텔에 왔다. 예산도 준비되어 있다. 저녁도 근사하게 즐기고 싶다. 그런데 당신이 운영하는 뷔페에는 손님이 30명 즉, 이용률이 7% (30명÷450명)에 불과하다. 지갑 지분율과 이용률, 이 두 가지를 계산해보는 것이 문제 인식의 첫걸음이다.

지갑 지분율과 이용률 파악이 끝났다면, 이를 높이기 위한 전략을 수립해 보자. 식당 이용률이 낮은 것은 식당이 있는 줄 몰라서, 비쌀 것 같아서, 바깥공기를 쐬고 싶어서, 지역 특산물을 맛보고 싶어서 등 여러 가지 이유가 있을 수 있다. 일단 당신 호텔에 있는 450명 고객의 저녁식사와 관련된 U&A(Usage and Attitude;

이용행태) 데이터를 모아보자. 주변 어느 식당을 가는지, 1인당 얼마를 쓰는지, 돌아올 때 마트에서 간식이나 라면 등을 사 와서 먹는지 등의 데이터를 파악해 보면, 당신이 호텔 식당 이용률을 높이기 위해 무엇을 해야 할지 대략 윤곽이 잡힐 것이다.

분명한 사실은 고객들이 리조트에 자주 가지는 않는다 그리고 그들은 '특별한 경험'을 원한다는 것이다. 이 '특별한 경험'을 준비하면 SOW는 100%가 될 것이고, 더불어 고객감동, 재방문율, 추천 의향도 100점을 받을 수 있게 될 것이며, 결과적으로 객실 가동률도 훌쩍 올라가게 될 것이다.

비행기, 차량, 호텔, 식사, 액티비티 등 고객 경험 전체를 만족시켜야 한다

제26화 2030, 그리고 5060

요즘은 건강관리에 대한 니즈가 남녀노소 가리지 않고 커지고 있다. 피트니스에 가면 그 변화를 실감할 수 있다. 그런데 운동하는 사람들을 자세히 보면 세대 간 또는 성별로 피트니스를 이용하는 행태가 확연히 다르다는 것을 알 수 있다.

예를 들어, 5060 세대는 주로 이른 아침이나 점심이후 시간을 이용한다. 피트니스에 들어가면 바로 트레드 밀을 땀이 나올 때까지 30분~1시간을 열심히 뛰는 게 운동의 대부분이다. 2030 세대는 점심시간 또는 저녁시간을 많이 이용한다. 트레드 밀에서는 5~10분 웜업만 하고 내려온 뒤 바로 웨이트 존에 가서 일주일 스케줄에 따라 상체 하체 등 식의 루틴을 갖고 운동한다. 퍼스널 트레이닝(PT)을 받는 경우도 있는데, PT상품을 이용하는 고객의 대부분은 2030 세대이다.

우리나라의 현재 5060 세대의 초등학생 시절은 1970 ~ 80년 대이다. 1인당 GDP가 300~5천 불 하던 시대였고, 한 가구당 평균 가구원수가 5명(아이 3명)이었다. 운동이라기보단 친구들과 공 하나 들고 뛰어놀았다. 누구에게 '운동을 배운다'는 개념이 없었고, '땀 흘려 뛰면 운동이지'라는 생각이 지배적이었다. 반면에 지금의 2030 세대들의 초등학생 시절은 2000~2010년이다. 1인당 GDP는 만불~2만 불이었고, 한 가구당 평균 가구원수는 3명(아이 1명)이었다. 5060 세대와는 1인당 GDP는 33~4배 차이가 나고, 아이 1명당 기준으로 보면 이는 99~12배 차이로 더 벌어진다. 2030 세대는 줄넘기부터 축구까지 모든 운동을 학원에서 '배워서' 익힌 세대이다. 피트니스에 가서도 전문가에게 '배워야'한다는 생각이 자리잡고 있다. 세대 간 이런 소득격차와 가구 구성원 격차를 갖고 있는 나라는 아마 찾기 어려울 것이다.

2030과 5060의 자라온 환경의 차이로 인한 소비 행태의 차이는 피트니스뿐만 아니라 쇼핑, 패션, 식문화, 호텔 등 라이프스타일 전반에 걸쳐 반영된다. 또한 같은 세대이지만 환경이나 소득 수준에 따라 전혀 다른 소비행태를 나타내기도 한다.

호텔 운영자는 이런 식으로 핵심 고객의 세부적인 특성을 이해하고 고객들에게 브랜드나 상품을 제안해야 한다. 예를 들어 피트니스에서 PT 상품을 기획한다면, 1차 타깃을 2030 고객에게 맞추어 내놓는 것이 훨씬 반응이나 판매 가능성이 높을 것이다.
또한 5060 고객들에게는 운동처방을 통해서 잘못된 운동습관을
바로잡고, 왜 전문가에게 배워야 하는지에 포커스를 맞추면 좋은
상품이 될 수 있다

．

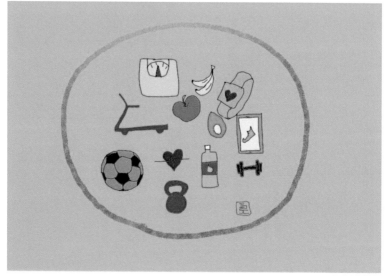

2030과 5060. 핵심 고객 라이프스타일의 배경을 이해하면 많은 것이 보인다

제27화 이가 빠진 동그라미

동그라미가 굴러가고 있다. 그런데 왠지 굴러가는 모습이 덜컹덜컹 뭐에 걸린 듯 부자연스럽고 속도도 느리다. 자세히 보니 동그라미 한쪽이 조그맣게 이가 빠져 있다. 떨어진 조각을 찾아 붙여주니 뒹굴뒹굴 자연스럽고 빠르게 잘 굴러간다.

시설도 훌륭하고, 직원들도 친절하고, 서비스도 최상인 호텔이 있다. 그런데 손님이 없다. 왜 그럴까? 여러 가지 원인이 있겠지만 크게 보면 시장의 흐름과 고객의 니즈에 부합하지 못하는 뭔가가 있기 때문일 가능성이 높다. 동그라미가 크고 멋있는데 조그맣게 이가 빠져 있는 것이다. 비록 지금은 작은 흠이지만 점점 원의 무게에 눌려 이 흠은 더 커지고 결국 큰 원을 쪼갤 것이다.

시장과 고객은 디지털 기술을 이용한 플랫폼에서 상품을 거래하고 있는데 전화서비스와 오프라인 컨택 포인트만 강화하고 있다면 어떻게 될까? 2030 젊은 세대 그리고 여성이 라이프스타일 서비스 상품의 소비 주체인데 현재 상품이 2030 여성에 맞춰져 있지 않으면 어떤 일이 벌어질까?

호텔 경영자는 항상 시장 흐름과 고객의 니즈를 잘 읽으려고 노력해야 한다. 비행기에는 자동 항법장치가 있다. 인천에서 뉴욕으로 가는 비행기가 14시간 비행하는 중 기류나 날씨 등의 외부환경변화를 읽어 최적항로와의 조정을 자동으로 해 주는 장치이다. 이 장치가 있어 조종사들은 안전하고 효율적인 비행이 가능하다. 기업도 외부 시장과 고객의 변화를 읽어 분석하고 인사이트를 찾아 전달해주는 자동 항법장치가 필요한데 이런 프로세스를 MI(Market Intelligence)라고 한다.

MI를 하는 방법은 여러 가지가 있다. 매출, 구매 행태(U&A; Usage& Attitude)등 고객 거래정보 분석, SNS, 커뮤니티, 댓글 등 고객이 자발적으로 게재한 고객의 소리 분석, 구글링을 통해서 관련 리포트, 논문자료나 데이터를 찾아보는 데스크 리서치, 잘하는 기업을 찾아가서 배우는 벤치마킹, 일부 핵심 고객들과 좌담회를 해보는 FGI(Focus Group Interview), 고객과 1:1 미팅을 통해 세밀하게 들어가 보는 IDI(In Depth Interview), 많은 고객들에게 구조화된 설문지로 물어보는 설문조사 등이 MI를 하는 방법이다.

MI를 통해 얻은 인사이트가 동그라미의 작은 홈이라면 이를 보완하여 조각을 붙여주어야 한다. 위 예에서 디지털 플랫폼에 상품을 로딩하고, 2030 여성고객들의 니즈를 파악하여 상품을 개편하는 등의 조각 붙이기 작업을 하면 기존 동그라미의 크고 멋진 모습을 살리면서 굴러가는 속도와 효율을 개선할 수 있다.

문제는 항상 '이가 빠진' 작은 틈에 있다. 그리고 이 작은 틈은 동그라미를 옮겨가면서 계속 발생한다. 따라서 자동 항법장치인 MI 프로세스를 통한 작은 틈 찾기를 계속해야 한다.

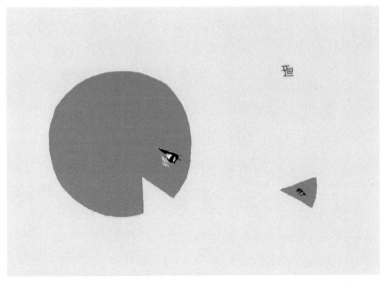

계속 변하고 있는 고객의 핵심 니즈를 잘 찾아 맞추면 잘 굴러가는 동그라미가 된다

제28화 오늘 장사는 어땠나요?

    당신은 100실 규모의 호텔을 운영하고 있다. 어제는 70실을 판매하였고 평균 객실당 판매단가는 10만 원이었다면 어제의 매상은 7백만원이 된다(70실 × 100,000원). 당신이 팔 수 있었던 객실 수는 100개였다. 팔지 못한 30개 객실은 다시 팔 수 없는 '사라진 기회'이다. 어제 총판매금액 7백만원을 판매 가능한 객실 100개로 나누면 1 객실당 7만원(7백만원÷100실)이라는 계산이 나온다. 어제 객실당 판매단가는 10만원이 아니라 7만원이 된다.

    판매 가능한 객실당 판매단가, REVPAR(Revenue Per Available Rooms)는 호텔 운영효율을 대표하는 지표이다. 'REVPAR = 객실 매출÷판매 가능한 객실'이다. 여기서 객실 매출은 '판매 객실수 × 판매단가'로 풀 수 있고, 판매 객실수는 '판매 가능 객실수 × 객실판매율'이다. 이 식을 객실 매출에 대입하면, '객실 매출 = 판매 가능 객실수 × 객실판매율 × 판매단가'가 되며, 이 객실 매출식을 REVPAR 식에 대입해보면, '객실 매출 = (판매 가능 객실 × 판매단가 × 객실판매율)/판매 가능 객실 = 판매단가 ×

객실판매율'이 된다. 이를 축약하면 'REVPAR = @ × %'이다. 위의 예를 이 식에 대입해보자, REPAR = 객실당 평균 판매단가 10만원 × 객실 판매율 70% = 7만원이다.

평균 판매단가 10만원과 REVPAR 7만원의 차이는 무엇일까? REVPAR는 수율 즉, Yield의 개념이 도입된 지표이다. 반도체 공장의 예를 들어보자. 반도체 칩 100개를 생산할 수 있는 설비와 재료를 투입했는데 완성품이 70개라면 수율은 70%이다. 나머지 30개는 불량으로 출하할 수가 없다. 즉, 불량률 30%인 것이다. 이 개념을 호텔 객실 판매에 도입해보자, 당신은 100개의 객실 매출을 올릴 수 있었다. 하지만 결과적으로 70개만 팔았고, 나머지 30개는 팔지 못했다. 왜 이런 일이 일어났을까? 바로 판매 프로세스에 '불량'이 있었던 것이다.

호텔 운영자는 이 '불량'의 원인을 찾아서 해결해야 한다. 판매채널, 경쟁상황, 서비스 품질 등을 점검하고 개선하여 불량률을 낮추고 수율을 높여야 한다. 다음은 단가이다. 판매율을 높이더라도 단가가 낮아지면 의미가 없다. 호텔에서 단가는 호텔의 수준을 대변하는 지표이다. '단가'야 말로 단기적으로 관리할 수 있는 요소가 아니다. 여러 고객들의 종합적인 호텔 경험 품질의 누적된 결과가 바로 단가이다. 단가를 높이기 위해서는 브랜드 관리, 서비스 품질관리, 판매채널 관리 등을 장기적인 안목에서 전략적으로 실행해야 한다. 단가와 판매율은 보통의 경우 (-)의 상관관계를 갖고 있다. 단가를 내리면 판매율은 올라가고, 단가를 높이면 판매율은 내려간다. 판매율이 올라가면 고객 수가 늘어난다. 객실 외에 식당, 스파 등 부대시설이 많은 호텔은 고객 수가 늘어나면 호텔 내 고객 소비금액이 늘어난다. 반대로 객실 중심의 호텔은 단가를 낮춰 고객 수가 늘어나면 하우스키핑 등 운영 스태프들의 부담이 늘어날 수 있다. 고객이 호텔 내에서 사용하는 총소비 금액을 계산해보고 객실단가를 어떻게 하는 것이 좋은 지 전략을 정한다. 그리고 이 내용은 브랜드 스탠더드에 최소 단가 기준을 포함시켜 스태프들과 공유한다.

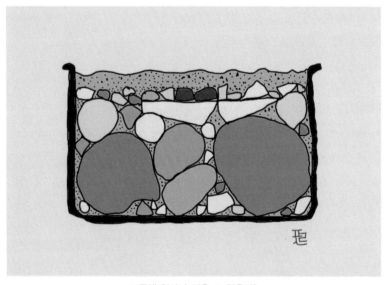

그릇에 얼마나 담을 수 있을까?

제29화 호텔예약은 어디서 하나요?

새로운 호텔을 오픈했다고 가정해보자. 모든 준비는 끝났다. 손님만 오면 된다. 그런데 손님은 어디서 오는가? 이미 주변에는 경쟁력 있는 호텔들이 너무나 많고, 고객들은 경험을 통해서 그 호텔들의 명성을 익히 잘 알고 있다. 당신이라면 어떻게 새로 오픈한 호텔을 시장에 알리고 고객들이 방문하게 만들 것인가?

호텔 고객을 이용목적기준으로 나누면 비즈니스 출장자인 기업고객, 외국인 여행자 고객, 내국인 여가 고객 등이 있다. 그러면 이 고객들은 호텔에 대한 정보를 어디서 얻고, 예약하는 걸까? 고객들이 호텔을 찾아가는 루트를 '채널'이라고 하는데, 채널 기준으로 고객을 구분해 보면, 기업고객, OTA (Online Travel Agency; 온라인·모바일 플랫폼 기반 여행사) 고객, 브랜드 닷컴 (Brand.com; 호텔 브랜드 자체에서 운영하는 온라인·모바일 예약 플랫폼) 고객 등으로 나눌 수 있다.

기업고객은 매년 일정 시점에 후보 호텔들에게 객실 사용양을 오픈하고 가격입찰을 실시한 후, 연간 계약을 통해서 호텔과 가격을 결정해 둔다. 해당 기업의 출장자들은 계약된 단가로 회사의 경비 규정에 따라 이용하면 된다. OTA고객은 글로벌 OTA호텔 예약 플랫폼(예, 북킹닷컴, 익스피디아닷컴, 트립 닷컴)을 통한 예약이 많다. 호텔 운영자는 해당 플랫폼과 계약을 통해 호텔 가격과 정보를 플랫폼에 올려놓아야 고객들이 상품을 고를 수 있게 된다. 개인고객은 호텔 예약센터에 직접 연락하여 예약하기도 한다.

기업, OTA, 브랜드, 예약센터 등 고객 카테고리별로 고객수익이 다르다. 예를 들어 기업고객과 브랜드닷컴 고객은 단가, 객실 수 둘 다 높은 반면 OTA고객은 단가는 낮지만 판매 객실수가 많다. 호텔 운영자는 호텔의 수요 상황을 보고 연간 수익을 최적화할 채널별 판매정책(판매 객실 수와 판매단가)을 결정해야 한다.

특히 최근 급증하고 있는 호텔 예약 채널은 모바일 플랫폼을 통한 예약이다. 모바일 플랫폼은 글로벌 OTA가 운영하는 것과 호텔에서 자체적으로 운영하고 있는 브랜드닷컴 두 가지로 나뉜다. 글로벌 OTA는 막강한 글로벌 고객 인프라를 무기로 낮은 가격으로 상품을 제공할 것을 호텔에 요구하고 있어 호텔 입장에서는 수수료 부담이 큰 단점이 있다. 체인호텔이나 대형 독립호텔들은 이런 움직임에 대응하여 자체 플랫폼을 통해 착한 가격약속, 마일리지 제공 등을 통해 고객 충성도를 높이고 있다.

호텔 운영자는 고객수요와 이용 채널 등을 세밀하게 분석하여 호텔에 적합한 채널 믹스 전략을 수립해서 운영하고, 정기적으로 각 채널별 효율성 및 수익성 분석을 통해 전략을 수정해야 한다.

실행이 답이다

제30화 God is in the detail

카페에 갔다. 2층으로 된 넓은 실내, 신선한 커피, 쾌적한 공기, 트렌디한 인테리어, 잔잔한 음악 등 모든 게 좋았다. 30분쯤 앉아 있다가 화장실을 갔다. 오래된 건물의 낡고 정결하지 못한 화장실이다. 완벽했던 카페의 경험이 무너지는 순간이다.

1차 세계대전 이후 유리와 강철로 된 건물로 아방가르드 건축양식을 이끈 독일 출신의 건축가 루트비히 미스 반 데어 로어는 디테일의 힘을 강조하기 위해 '신은 디테일에 있다'고 설파했다. 거대한 성당을 건축하는데 지상에서는 잘 보이지도 않는 첨탑의 작은 조각상 하나가 완성도가 떨어진다면, 이 디테일이 성당 전체를 낮은 수준으로 결정하고 만다.

호텔경영도 마찬가지이다. 예를 들어 객실 내부 인테리어를 새롭게 디자인한다면, 눈에 보이는 디자인 콘셉트, 바닥재, 조명, 천정과 벽 마감, 그림, 욕실, 고객용 어메니티 등뿐만 아니라, 눈에 보이지 않는 쾌적한 공기 질 관리(온도, 습도, 미세먼지, 냄새 등)를 위한 공조설비, 소음관리, 빛 차단 커튼, 하우스키핑 서비스, 유지보수 등 모든 과정을 종합적이고 세밀하게 계획하고 적용해야 한다. 이때 모든 설비가 완벽한데도 욕실 방향제 냄새, 수선 후 비뚤어진 욕실 실리콘 마감, 비뚤어진 그림, TV 밑 먼지, 낡은 수건, 침대 위 머리카락 등 사소한 것 하나로 인해 미관을 해치기도 한다.

디테일 경영을 위해서는 프로세스 분석이 필수적이다. 객실 레노베이션의 예를 들면, 시장의 흐름, 고객의 니즈, 새로운 전략, 브랜드 스탠더드, 서비스 스탠더드, 서비스 프로세스 등의 철학과 소프트 요소를 규정하고, 이 철학을 고객에게 전달할 하드웨어, 시스템, 피플 등 모든 요소들을 풀어내는 식으로 프로세스 청사진과 체크리스트를 펼쳐 놓고 하나씩 세부적인 검토와 의사결정을 해야 한다. 객실 안에 그림을 걸 것인가, 몇 개 걸 것인가 등에 대한 결정은 추후 서비스를 운영함에 있어 두고두고 문젯거리가 되기도 한다. 그림을 건다는 것은 고객 측면의 미적 요소와 운영 측면의 관리비용 문제가 서로 부딪히는 일 이기도 하다. 따라서 서비스 요소의 다면적인 속성을 이해하고 결정하게 되면 보다 적은 비용으로 보다 나은 서비스를 보다 오랫동안 제공할 수 있다.

호텔 경영자는 이 사이에서 적절한 타협점을 찾아야 한다. 많은 호텔, 식당, 카페 등의 시설들이 미적 요소와 운영적 요소에서의 타협점 찾기를 간과해서 서비스 오픈 후 얼마가지 않아 처음 콘셉트 하고는 멀어져 있는 사례들을 종종 볼 수 있게 된다. 이를테면, 양식당의 기물을 선정할 때 심미성에만 초점을 맞추어

예쁘고 얇은 기물을 구입하여 운영을 시작하면, 머지않아 기물의 이가 나가기 시작하고 제 짝을 잃은 기물들은 창고에 쌓여 무용지물이 되고 만다. 많은 기물을 대형 식기세척기에 넣고 빠르게 세척해야 하는 식당에서는 기물의 견고함, 세척 용이성 등 운영적인 요소도 같이 고려해야 한다.

새로운 서비스를 기획하거나, 기존의 서비스를 변경하려 할 때, 모든 프로세스를 펼쳐 놓고 변화되는 일부가 전체에 어떤 영향을 주는지를 확인하면 디테일을 놓치는 실수를 예방할 수 있다.

디테일이 전체를 무너뜨린다
모든 요소들이 빠짐없이 제자리를 찾도록 디테일에 집중해야 한다

제31화 1:10:100

서울시내 가정집 수돗물에서 불순물이 나왔다고 가정해보자, 뉴스 속보에도 연일 나오고, 주민들은 불안감에 목소리를 높이고, 서울시는 원인과 대책마련에 힘을 쓴다. 원인을 파악해 보니 수원지 인근 공장 오수가 흘러 들어와 오염된 것이 문제였다. 대책은 수원지 오염원을 빠르게 개선하고 그 기간동안 주민들에게 수돗물 사용을 중지하고 대체할 물을 공급하는 것이 될 것이다. 그러나 만약 원인이 얼른 파악되지 않는다면 어떻게 될까? 당신이라면 어떤 대책을 내 놓을 것인가? 1) 각 가정에 정수기를 설치할 수도 있고, 2) 한강정수장 시설을 개선할 수도 있고, 3) 팔당 수원지 수질개선 등의 온갖 대책수립과 실행에 많은 시간과 비용을 들일 것이다.

대책의 수준은 근본원인을 얼마나 빠르고 정확하게 파악하느냐에 달려 있다. 3번 팔당수원지 개선에 1의 비용이 필요하다면, 2번 한강 정수장 개선에는 10배의 비용이 필요하고, 1번 서울시 모든 가정에 정수기를 설치하는 방안은 100배의 비용이 필요하다. 문제의 근본원인을 알고 있으면 적은 비용으로 효과적인 결과를 낼 수 있다. 의사가 진단을 잘 못하면 많은 비용과 시간을 들여서 환자를 힘들게만 하고 병은 오히려 악화되는 수가 생긴다. 반면 정확한 진단은 근본원인을 명확히 함으로써 언제 어떤 치료를 하면 되는지를 알게 되므로 매우 효과적인 치료가 이루어질 수 있다. 경영자는 의사와 마찬가지이다. 정확한 진단방법만 알고 있다면 비용과 시간을 100분의 1로 줄일 수 있다. 이 진단방법의 시작이 프로세스를 파악하는 것이다. 의학계에서 게놈프로젝트 등을 통하여 인간 유전체연구를 하고 있듯이, 성공적인 호텔경영을 위해서 프로세스 전반을 파악하고 이해하는 것이 필수적이다.

　프로세스 전반이 정리된 상태에서 문제의 원인을 파악하려면, 프로세스 맵을 펼쳐 놓고 3 why, 5 why를 해 보면 근본원인을 쉽게 찾아낼 수 있다. 처음에는 쉽지 않겠지만 모든 문제에 이런 식으로 접근을 하다 보면 프로세스에 대한 이해도가 높아지면서 원인을 찾아내는 일도 점차 수월해짐을 알 수 있게 된다. 객실 침대에서 진드기에 물렸다, 객실 예약률이 떨어진다. 식당 기물파손률이 높다. 직원들의 이직률이 높다. 피트니스에서 새로 런칭한 프로그램에 고객 참여율이 낮다 등등… 이런 문제의 근본원인은 무엇일까? 이런 문제의 팔당 수원지는 어디에 있을까? 그 답이 프로세스에 있다.

제32화 한꺼번에 많은 일 처리하기

호텔은 라이프스타일에 관련된 모든 것이 한꺼번에 펼쳐지는 매력적인 곳이다. 멋진 스태프들의 훌륭한 서비스, 맛있는 식사, 쾌적하고 청결한 침실, 좋은 향기, 은은한 조명, 감각적인 인테리어 등이 고객들의 오감을 자극한다.

아름다운 무대를 즐기는 고객들을 위해 호텔 스태프들은 무대 뒤에서 많은 노력을 기울여야만 한다. 호텔 총지배인은 무대와 무대 뒤를 오가면서 극적인 서비스 경험 연출을 총지휘한다. 이를 위해 총지배인의 수첩에는 매일 해결해야 할 수없이 많은 과제들이 적혀 있다. 고객 컴플레인, 안전사고, 직원 이직, 식당 위생, 도난 사고, 경쟁환경, 새로운 상품, 전략, 수익성, 직원 커뮤니케이션, 사기관리, 디지털 트랜스포메이션, 원가 절감, 맛, 안정적인 시설관리, 화재훈련, 서비스 교육, 개보수, 투자 우선순위 결정 등, 여러 가지 복잡한 일들이 혼란스럽게 섞여 정신이 없다.

이런 복잡한 상황에서도 중심을 잡고 무대 지휘를 원활하게 하기 위해서는 과제 해결 방법론이 필요하다. 먼저 여러 가지 일들을 동일한 유형으로 카테고리화 하여 그룹핑하고, 중요도와 긴급도 점수를 매긴다. 이때 중요도란 Business Impact 즉, 해당 과제가 비즈니스에 미치는 영향이 크냐에 대해 답해보는 것이다. 예를 들어 법을 지키기 위해 해야 하는 일, 경쟁력이 커지는 일, 수익이 커지는 일 등이 여기에 해당된다. 해당 과제를 해결하는 것이 중요도가 높다고 생각되면 9점, 중간이면 3점, 낮으면 1점 식으로 점수를 매겨본다. 중요도가 정리되었으면 다음엔 긴급도이다. 긴급도는 얼마나 급한 일인가에 대해 답해보는 것이다. 지금 당장 해치워야 할 일이면 9점, 중간이면 3점, 천천히 시간을 갖고 해결해도 될 일이면 1점 식으로 답한다.

과제, 중요도, 긴급도, 이 세 가지 단계를 마치고 나면 중요도 점수와 긴급도 점수를 곱하여 과제별 점수를 구한다, 과제별 점수를 내림차순으로 나열해 보면 먼저 해결해야 할 과제 우선순위를 구할 수 있다. 어떤 과제가 중요도도 높고(9점), 긴급 도도 높으면(9점), 과제점수는 81점(9×9) 점이 된다. 이런 식으로 점수를 구해보면, 81점(9*9), 중요 27점(9*3), 긴급 27점(3*9), 9점(3*3), 1점(1*1) 식으로 과제를 5가지로 구분할 수 있다.

이제 과제 우선순위를 정해보자. 81점 과제는 최우선 해결과제가 된다. 반면 1점 과제는 과제 리스트에서 삭제한다. 9점 과제는 보류한다. 이제 27점 과제만 남는다. 27점 과제 중 긴급도 9점 과제는 바로 해결해야 한다. 27점 과제 중 중요도가 9인 27점 과제는 별도 태스크 포스팀을 운영한다.

과제에 점수를 매겨보면 27점 과제가 가장 많이 나오는 것을 알 수 있다. 27점 과제 중에서 중요도가 9인 27점 과제는 긴급하지 않다는 이유로 사업에 미칠 영향이 큰 과제임에도 불구하고 뒤로 미뤄질 가능성이 큰 '전략적'인 과제들이 대부분이다. 예를 들어 시설 개보수, 디지털 트랜스포메이션, 새로운 브랜드 개발 등이 이 카테고리에 속한다. 중요도가 9인 27점 과제는 운영 조직에 맡기면 중요한 과제임을 알지만 당장 눈앞의 고객 서비스를 간과할 수 없기 때문에 우선순위가 뒤로 밀리게 마련이다. 따라서 별도의 태스크 포스팀을 운영하여 집중할 수 있도록 해주는 게 좋다.

긴급한 과제는 시간을 뺏고, 중요한 과제는 생존을 좌우한다. 중요한 과제를 해결해야 긴급한 과제가 줄어든다. 중요한 과제들의 선후 영향관계를 보고 그 중에서 먼저 할 일을 정해서 해결한다. 중요도가 높은 과제는 해결해야 할 과제의 크기에 비해 내재된 역량이 부족한 경우가 많다. 예를 들어 디지털 트랜스포메이션이 중요한 과제로 선정되었다면 미래과제이기 때문에 현재 내부 역량으로는 해결이 어려워진다. 그렇다고 컨설팅이나 전문가 영입 등 외부 역량을 도입하는 일은 비용이나 투자 부담이 크다.

아무리 중요한 일이라도 먼저 현재 역량 범위 내에서 수행해야 한다. 따라서 중요한 일들 중에서 '지금, 이곳에서, 내가 할 수 있는 작은 일'을 먼저 끝낸다. 작은 일이 잘 끝나면 다음에 해야 할 좀 더 큰 일은 처음 작은 일의 영향으로 쉽게 해결할 수 있다. 두 개를 해결하면 세 번째는 좀 더 쉬워진다. 마치 도미노처럼.

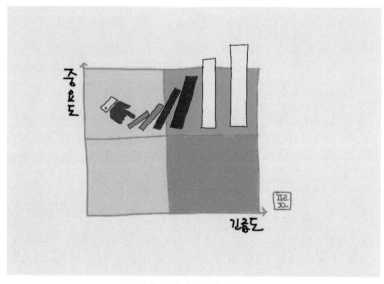

많은 일을 한꺼번에 처리하는 법
중요도와 긴급도 매트릭스를 이용해 우선순위를 정하고, 도미노 넘어뜨리기를 한다

제33화 부처상 조각하기

석공이 부처상을 조각할 때는 좋은 돌을 고른 후, 자르고(절), 줄로 쓸고(차), 끌로 쪼고(탁), 갈아 빛을 내는(마) '절차탁마' 과정을 거치는데, 명품을 만들기 위해서는 각 단계별로 혼신의 노력이 필요하다.

호텔에서 상품을 개발하는 과정도 조각상을 만드는 과정과 같다. 시장의 큰 흐름과 고객의 니즈를 파악한 후 호텔이 가지고 있는 강점 역량을 활용하여 새로운 상품에 대한 윤곽을 잡은 후 지속적으로 시장과 고객의 반응을 살피면서 수정 및 보완하여 상품을 완성해 나간다. 상품개발은 '과정'이지 '결과'가 아니라는 사실을 명심해야 한다.

시장의 흐름과 고객의 니즈를 파악하기 위해서는 소비 트렌드, 소비 주요 계층, 소득 수준, 경기, 경쟁사, 정치, 법률, 정책 등을 종합적으로 파악한다. 이때 유의할 점은 호텔과 연결된 내용을 중점으로 다뤄야 한다는 점이다. 일반적인 현상의 파악이 아니라 해당 호텔에 걸맞은 흐름과 니즈를 찾아내야 한다. 석공이 아무리 좋은 돌을 찾아내도 자신의 실력으로는 잘 표현해낼 수 없으면, 그 석공의 돌이 아닌 것이다. 소비 주요 계층으로 부상한 MZ세대, 디지털 플랫폼을 통한 거래 폭증, 소득 양극화, 호텔 체인 대형화, 온라인 여행 플랫폼의 예약 시장 장악, 고령화, 노동시장, 일자리, 고용시장, 탄소중립 등 다양한 이슈들을 점검하고 각 지표들의 5년, 10년 추세를 분석해 보면 올라가는 흐름과 내려가는 흐름을 찾아낼 수 있다. 내려가는 것은 빨리 버리고, 올라가는 것에 올라타야 한다.

석공이 다룰 수 있는 크기의 돌을 구했다면 이제부턴 줄, 끌, 사포 등을 들고 원하는 형태를 구체화해야 한다. 만일 'MZ세대를 위한 여가 상품을 모바일 앱을 통해 판매한다'라는 상품 콘셉트를 정했다면, 'MZ세대', '여가 상품', '모바일 앱' 등을 '20대 말 30대 초 여성고객', '주말 친구와 파티', '액티비티 앱과 연계' 식으로 구체화한다.

고객, 상품, 채널, 피드백 방법 등이 정해지면 새로운 상품을 내부적으로 테스트해보는 드라이 런을 거친 후, 스태프들의 반응을 모아 수정한다. 드라이 런이 끝나면 타깃 고객과 마케팅 채널들을 초청해 알파 테스트를 진행하고 또 내부반응을 모아 수정한다. 드라이 런과 알파 테스트가 끝나면 정식으로 상품을 시장에 출시한다.

정작 본 게임은 시장에 출시하고 난 후 시작된다. 석공이 부처상을 조각할 때 가장 시간을 많이 들이는 절차가 마지막 다듬는 단계이다. 'Devil is in the details' (악마는 디테일에 있다)라는 말이 있듯이 아무리 많은 연구와 사전 검증절차를 거쳐서 새로운 상품을 출시했다고 하더라도 결국은 시장과 고객이 반응하지 않으면 모든 게 물거품이 된다. 상품을 출시하기 전에 고객 반응을 체계적으로 수집할 피드백 절차를 설계해 둬야 한다. 모바일 앱 이용행태 분석, 고객 리뷰 등을 모아서 매일 분석하고 수정하는 세밀하고 연속적인 마무리 과정을 반복하다 보면 훌륭한 상품이 나올 가능성이 높아진다.

절차탁마. 호텔에서 상품을 개발하는 프로세스는 조각상을 만드는 과정과 같다

제34화 뭣이 중헌디?

당신은 일식당 매니저이다. 이 식당에는 참치 정식과 초밥정식 두 가지 메뉴만 있다고 가정해보자. 지난 한 달간 영업실적은 매출 130,000천원, 새료비 70,000천원, 재료비율 53% (70,000천원 ÷ 130,000천원) 이었다. 메뉴별로 실적을 보니, 참치 정식 A코스는 1,000명에게 팔았고, 가격은 10만원, 재료비는 6만원, 재료비율은 60% (6만원 ÷ 10만원) 였다. 초밥 정식도 1,000명에게 팔았고, 가격은 3만원, 재료비는 1만원, 재료비율은 33% (1만원 ÷ 3만원) 였다.

아침에 식당 디렉터와 미팅을 하는데 지난달 일식당의 재료비율이 53%로 너무 높아져서 수익성이 떨어지니 재료비율이 너무 높아지지 않도록 관리해달라는 얘기가 있었다. 일식당 스태프들과 이 얘기를 나눈 뒤 재료비율이 60%로 높은 참치 정식은 판매를 조금 낮추고, 재료비율이 33%로 낮은 초밥 정식을 더 판매해보기로 했다. 이번 달에도 전체 고객 수는 2,000명으로 지난달과 같았다. 참치 정식은 500명에게 팔았고, 초밥정식은 1,500 명에게 팔았다. 그 결과 생각대로 재료비율은 지난달 53% 보다 5.8% p 낮아진 47.2%가 나왔다. 재료비 44,850천원 {(500명 × 100천원 × 60%) + (1,500명 × 30천원 × 33%)} ÷ 매출 95,000천원 (50,000천원 + 45,000천원) = 47.2%. 과연 잘 한 영업이었을까?

식당 영업에서 발생하는 비용은 매출과 바로바로 연동되어 비례해서 발생하는 변동비와 매출의 높고 낮음에 상관없이 단기적으로는 동일하게 발생하는 고정비 두 가지로 나뉘고, 이 중 변동비는 재료비가 대표 격이다.

참치 정식이 1개 팔리면 재료비는 6만 원이고, 10개 팔리면 재료비는 60만 원으로 매출에 비례해서 비용도 증가한다. 식당 손익계산을 해 보면 재료비를 제외한 나머지 비용들은 대부분 매출 높낮이와 상관없이 일정하게 발생하는 고정비라는 것을 알 수 있다. 임대료, 인건비 등 가장 큰 비용들은 참치 정식 판매 개수와 연동해서 변하지 않는다. 매출에서 변동비를 뺀 금액을 공헌이익(Contribution margin)이라고 말하는데, 이 금액으로 고정비도 감당하고 남으면 이익이 된다는 개념이다. 따라서 식당 영업에서는 이 공헌이익의 크기가 재료비율보다 중요한 관리지표가 된다.

위 예에서 공헌이익을 계산해보면, 지난달 6천만원 (매출 130,000천원 – 재료비 70,000천원)에서 이번 달은 50,150천원 (매출 95,000천원 – 재료비 44,850천원)으로 9,850천 원이 내려갔다. 재료비율이 5.8% p 낮아졌으나, 이익은 천만 원 가까이 줄어든 것이다. 위 예에서 디렉터나 매니저가 '참치 정식이 공헌이익이 4만 원으로 높으니 판매수를 높여보자'는 전략을 세워 다음 달 참치 정식 1,500개, 초밥정식 500개를 팔았다면 공헌이익은 7천만 원으로 {(1,500개 × 4만원) + (500개 × 2만원)} 전달보다 천만 원이 더 올랐을 것이다. 이 경우 재료비율은 57.6%로 지난달보다 4.6% p 올라가게 된다.

재료비율은 이익금액을 올리기 위한 보조지표일 때 의미가 있다는 사실을 잊지 말아야 한다.

제35화 내가, 지금, 여기에서

영업부진이 이어지고 있는 상황을 벗어나기 위한 스태프 미팅을 진행하고 있다. 스태프들의 아이디어를 들어본다. "경기 악화로 모든 호텔이 다 어려움에 처해 있습니다. 환경이 이런데 어쩔 수 없지 않나요?", "호텔은 위치가 좋아야 하는데 우리는 너무 외진 곳에 있어서 고객을 유치하는데 어려움이 있습니다", "식당은 객실 고객이 이용하는데 객실에 고객이 50%밖에 없으니 식당에 손님이 없는 건 당연하지 않나요?", "우리 객실은 너무 오래된 콘셉트입니다. 당장 개보수투자를 하지 않으면 경쟁에서 밀려 앞으로는 지금 보다 더 손님이 안 올 겁니다"

영업성적이 안 좋은 호텔은 '남 탓' 마인드셋이 깊이 자리 잡혀 있다. 경기가 안 좋아서, 위치가 안 좋아서, 객실영업이 안되니까, 시설이 낡아서… 등 외부에서 원인을 찾는 일은 매우 쉽고, 수백

가지도 바로바로 댈 수 있다. '남 탓'을 하게 되면 내가 할 일은 없어진다. 그저 경기가 풀리기를, 누군가 투자해서 객실을 보수해주기를 기도하는 수밖에 없다. 내가 할 일이 없어진다는 것은 내가 제공할 가치가 없다는 얘기이기도 하지 않을까?

생각의 시작을 '밖'이 아니라 '안'으로 바꿔야 한다. 내가 당장 어떻게 할 수 없는 외부 환경요인에 대한 생각은 아예 잊어버리고, '내가, 지금, 여기에서 할 수 있는 작은 일이 뭘까?' 하는 생각부터 시작해야 한다. 외부요인을 차단하고 내가 할 수 있는 일을 찾는 순간, 여러 가지 할 일이 보이기 시작할 것이다.

"경기가 어려워도 50%의 고객은 여전히 호텔을 이용하고 있다. 이 고객들에게 더욱 정성을 쏟아서 감동 경험을 주려면 나는 지금 무엇을 해야 할까?", "호텔 위치가 도심과 떨어져서 고객들은 오히려 지친 일상을 잠시 잊고 푹 쉴 수 있지 않을까?", "50%의 객실 고객 중 우리 식당을 이용하지 않는 고객은 원인이 뭘까? 이 고객들을 우리 식당으로 유치하기 위해 나는 지금 무엇을 해야 할까?", "낡은 객실을 보완하기 위해서 지금 내가 할 수 있는 일은 무엇일까?" 하는 식으로 생각을, 에너지를 '나'로부터 출발하게 바꿔주어야 한다.

호텔의 영업이 어려울 때는 역설적으로 호텔 서비스 품질을 높일 수 있는 기회이다. 호텔에 고객이 북적거릴 때는 일이 많기 때문에 정해진 프로세스를 실수 없이 해 내는데 집중할 수밖에 없지만, 영업이 느슨해지면 고객 수가 줄어들고 업무량도 줄어들게 된다. 이럴 때 현재 고객에게 감동 경험을 주기 위해 할 수 있는 일들을 찾고, 한 명 한 명에게 정성 어린 서비스를 하다 보면 어느 시점에 고객들이 늘어나 있는 것을 볼 수 있다. 경기나 위치 개보수 등 외부요인에 변화가 없었음에도 말이다.

호텔 운영자는 영업상황이 어려워질수록 스태프들과 '현재 고객'들에게 감동 경험을 주는데 묵묵히 집중해야 한다. 환경은 계속 바뀐다. 비도 오고 바람도 불고 햇빛도 든다. 어떤 환경에서도 '내가, 지금, 여기에서' 해야 할 일을 하다 보면 호텔은 다시 많은 고객들을 맞이할 수 있을 것이다.

제36화 실행이 답이다

경영의 핵심은 '1:2:100'이다. 좋은 아이디어가 떠 올랐다. 이 아이디어를 구체화시키기 위해 여러 가지 연구를 시작했다. 관련 서적도 보고, 인터넷이나 SNS도 찾아보고, 관련 전문가나 경험자들을 만나보기도 하면서 아이디어를 구체화했다. 이 과정에 들인 힘과 노력의 크기가 '1'이라면, 이 아이디어를 실행하기 위해서는 금전적으로 투자해 줄 사람, 또는 부족한 역량을 채워 줄 조력자 등 여러 사람의 도움이 필요하게 될 것이다. 이때 필요한 사람들에게 아이디어를 설득해서 뜻을 함께하게 하는데 들어가는 힘과 노력의 크기는 아이디어를 구체화하는 데 사용했던 힘의 '2'배가 필요하다. 설득을 잘해서 뜻을 같이 할 사람들을 모았다. 자, 이제 모든 준비는 끝났다. 아이디어도 구체화시켰고 도와줄 사람들도 모두 뜻이 같다. 아이디어를 실행하기만 하면 된다. 하지만 마지막 가장 어려운 관문이 기다리고 있다. 바로 '실행'하는 것이다.

경영에서 가장 어렵고 시간이 많이 걸리는 단계가 바로 실행단계이다. 아이디어를 실행해 가는 과정에서 생각지 못했던 일들이 수도 없이 일어난다. 법적인 문제, 지역사회와의 갈등, 언론, 조직 문제, 안전사고 등등… 실행에는 '100'배의 힘과 노력이 필요하다. 좋은 아이디어는 넘쳐나지만 대부분이 빛을 보지 못하는 이유가 바로 여기에 있다. 물은 100℃가 되어야 끓기 시작하지만 99℃까지 수면에는 큰 차이가 없다. 대부분의 아이디어가 99℃ 이전에 수많은 이유로 중단되고 만다. 물이 끓을 때까지 100의 힘을 가했을 때 당신의 아이디어가 빛을 발할 수 있다. 따라서 실행력을 높이는 것이 매우 중요한 경영기술이다.

초기 아이디어 구체화 과정에서 많은 위험요소들을 구조화된 프레임 워크에서 사전에 스크리닝 해보는 것도 중요하지만 특히 실행 과정에서 고객과 시장의 반응을 보면서 지속적으로 수정하고 보완해가는 유연한 시스템을 갖추는 것이 더더욱 중요하다.

일식당의 접시 파손율(breakage rate)이 높아 프로세스를 분석해 보았다. 일식 기물의 모양과 재질이 표준화되어 있지 않아 다른 식당에 비해서 세척시간이 많이 소요되는데, 기물세척원

(dishwasher)들의 근무 스케줄은 이런 부분을 고려하지 않아 근무강도가 타이트하다 보니 기물을 거칠게 다루게 되어 평균 이상의 파손이 생겼다. 이로써 문제의 근본 원인을 알아냈고, 해결 아이디어도 정리되었고, 이 아이디어에 관련된 사람들이 모두 합의했다. 실행하면 된다. 하지만 6개월 후 동일한 문제는 반복되고 있었다. 기물 세척 용역회사의 변경, 식당 경영진의 변경, 새로운 메뉴의 도입 등 그 외에도 많은 변수들이 해당 프로세스에 영향을 주고 있었다.

호텔 운영자는 실행력을 높이기 위해 프로세스 전반을 파악하고 있어야 한다. 위 일식당 사례의 경우, 프로세스 분석을 통해 기물파손율(결과)에 영향을 줄 요인(원인)들을 미리 알고 있다면, 일식당 경영을 둘러싼 요인들이 기물파손율에 어떤 영향을 줄지도 미리 예견할 수 있게 되어 실행력을 높일 수 있게 된다. 프로세스를 파악하는 일이 실행의 첫걸음이다.

맛집의 비밀?

제37화 5:95

  레스토랑 프로세스를 정리해 보면 500개 정도가 나오는데, 이 중 고객이 직접 경험하는 FOH(Front of house) 프로세스는 25개로 단 5%에 불과하다. 나머지 95%인 475개 프로세스는 고객이 경험할 수 없는 BOH(Back of house)에서 이루어진다. FOH프로세스는 고객 맞이, 좌석 안내, 주문받기, 테이블 서비스, 불만처리, 위생관리, 용모 관리, BGM(Back ground music), 공조, 시설관리 등이 있고, BOH프로세스는 메뉴 기획, 이벤트, 마케팅, 인력관리, 홍보, 구매, 조리, 안전환경, 법무, 재무, 세무 등이 광범위하게 포함된다.

  아내의 김치찌개가 너무 맛있어서 주변 사람들에게 맛을 보였는데 모두 하나같이 '식당을 차리면 대박 나겠다'고 칭찬이 자자하여 식당을 오픈했다. 처음 3개월은 바쁘더니 6개월 지나 보니 손님은 없고 썰렁하다. 이렇게 된 원인은 바로 BOH 프로세스에 대한 이해가 부족한 데에 있다. 스파게티를 드시던 고객의 접시에서 머리카락이 나왔다면 매니저는 어떤 조치를 취해야 할까? FOH만 이해하는 매니저는 음식을 서브한 직원, 조리한 조리사, 조금 더 생각하는 매니저는 주방 청소 등에까지 신경 쓰자고 얘기할 것이다. 하지만 문제는 그리 간단치 않다. 95%의 프로세스를 차지하고 있는 BOH 프로세스에 근본 원인이 있을 가능성이 훨씬 더 크기 때문이다. 스파게티 납품회사 차량, 스태프 복장 위생, 로딩 덕, 운반 도구, 창고관리, 운반 경로 등을 전반적으로 점검하여, 위험요소를 찾아내고, 표준화하고, 정기적으로 점검하고, 교육하는 HACCP(Hazard Analysis and Critical Control Points)와 같은 체계적인 프로세스 관리 절차의 도입만이 같은 문제의 재발을 막을 유일한 길이다.

5:95는 고객 서비스 품질관리에도 적용된다. 미국 와튼 스쿨의 불만고객 연구보고서에 따르면 서비스 불만을 가진 100명의 고객 중 6명만 회사 측에 직접 불만을 표현하고, 31명은 주변 지인 90명에게 불만족했던 경험을 토로하며, 63명은 침묵한다고 한다. 즉, 불만고객의 94%는 불만을 회사에 표현하지 않고 떠날 준비를 하고 있다. 이때 불만고객의 문제를 빠르게 해결해주면 재구매율이 95%까지 회복된다.

경영자는 숨겨진 고객들의 불만을 찾아내어 빠르게 해결해 주어야 한다. 회사 내에는 항상 고객이 얘기하지 않는 불만을 빠르게 인지하는 프로세스가 가동되고 있어야만 한다. 만일 식당 경영자가 불만 내용이 담긴 전화나 이메일을 한 통 받았다면 이는 드러나지 않은 17건의 불만족이 있었음을 간파하고 예민하게 해당 프로세스 전반을 점검하고 대응해야만 대량 고객 이탈이라는 불상사를 막을 수 있다.

무대 뒤의 수많은 BOH 프로세스, 말하지 않는 불만고객 등과 같이 보이지 않는 95%의 세계를 잘 이해하고, 보이는 5%와의 연결고리를 잘 파악하고 있으면 효과적이고 효율적인 경영이 가능해진다.

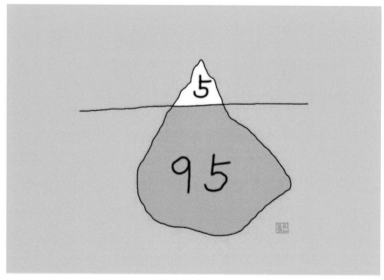

눈에 보이지 않는 95%의 프로세스를 이해해야 고객에게 보이는 5%가 차별화된다

제38화 모든 것은 연결되어 있다

한 주 내내 과음에 과로를 한 후 다음 날 아침에 거울을 본다면, 얼굴이 매우 힘들어 보일 것이다. 눈동자는 충혈되고, 얼굴은 까칠하고, 속은 쓰리고, 손발도 건조하게 느껴질 것이다. 이렇듯 우리 몸은 머리끝부터 발끝까지 연결되어 있는 유기체이다. 어느 한 곳에 문제가 생기면 이로 인해 몸 전체로 영향을 미칠 수 있다. 한의사가 환자의 눈을 보면서 간에 문제가 있음을 알아내는 것과 같은 이치이다.

호텔 운영도 마찬가지이다. 만일 호텔 입구에서 자동차 문을 열어주는 도어 스태프가 당신과 눈을 마주치지 않고 유니폼에서 냄새가 난다면, 프런트 스태프의 친절도, 객실 침구의 청결상태, 카페의 음식 위생상태 등에도 문제가 있을 가능성이 크다. 호텔의 모든 서비스 프로세스는 혈관처럼 유기적으로 연결되어 있다. 비록 서비스를 제공하는 공간과 시간이 다르고 서비스를 제공하는 내용이 다르긴 하지만 스태프들의 마인드 셋, 시설관리상태, 청결 및 위생관리 상태 이 모든 것이 결국에는 경영진과 스태프들 즉,

'사람'이 만들어가는 일들이기 때문이다. 호텔은 '피플' 비즈니스이다. 훌륭한 호텔을 만들고 싶다면 훌륭한 경영진과 스태프들을 유지하고 있어야 한다. 영국의 프리미어 리그 축구 우승팀은 반드시 구단주, 감독, 선수, 스태프들의 좋은 연계 시스템을 갖고 있다.

도어 스태프의 경우, 신입 도어 스태프가 들어왔을 때, 선배 스태프가 "너의 일은 자동차 문을 빨리 열어주는 일이야. 들어오는 차는 놓치지 말고 잽싸게 가서 열어줘"라고 가르치는 경우, 그 스태프는 앞뒤 가리지 않고 문 여는 일에만 집중할 것이다. 하지만 선배 스태프가 "너는 고객이 우리 호텔에 와서 처음으로 만나는 사람이야, 네가 우리 호텔의 첫 인상이야"라고 가르치는 경우, 신입 도어 스태프는 차가 들어올 때 차 번호로 고객을 먼저 알아보고 문을 열어주며 따뜻한 미소와 눈인사, 네이밍 서비스, 그리고 스몰 토크 서비스까지 하게 될 것이다. 자신이 이 호텔의 서비스를 대표한다는 자부심을 갖고 일하게 되기 때문이다.

도어 스태프가 고객에게 좋은 서비스를 한다는 것은 호텔의 다른 스태프들도 도어 스태프와 같은 체계에서 채용, 교육 훈련, 평가, 보상과 같은 체계가 가동되고 있다는 의미이기도 하다. 이 때 도어 스태프 개인역량이 뛰어나 혼자 서비스를 잘할 수 있지만, 이런 경우에도 호텔 스태프 전체가 같은 생각을 갖고 있지 않다면 좋은 서비스는 오래 유지되지 못한다. 도어 스태프 한 사람의 좋은 서비스를 다른 스태프들은 싫어할 수 있기 때문이다. 따라서 당신이 자주 가는 호텔이나 식당에 스태프들이 오랫동안 바뀌지 않고 항상 밝고 좋은 서비스를 유지하고 있다면 다른 프로세스들도 잘 운영되고 있을 가능성이 높다는 의미이기도 하다.

오래 보이던 훌륭한 스태프가 보이질 않거나 새로운 스태프의 서비스가 전과 같지 않은 느낌이 든다면 무언가 호텔 내부에 변화가 일어나고 있는 것이고, 이러한 변화가 부정적인 방향이라면 다른 서비스 프로세스 품질도 부정적으로 흘러갈 가능성이 커진다.

모든 것은 연결되어 있다
도어 스태프의 서비스가 훌륭하면 호텔의 다른 서비스도 훌륭할 가능성이 높다.

제39화 햄버거 만드는 게 이렇게 힘들어?

나만의 햄버거를 집에서 직접 만들어 본다면 어떨까? 보기에 단순해 보이는 햄버거를 직접 만드는 과정은 생각보다 복잡하다. '그냥 햄버거 번, 고기 패티, 토마토, 양파, 상추, 고기 소스 등을 올리면 끝 아닌가?' 하고 생각하기 쉽지만 나만의 맛을 내기 위해 모든 재료를 집에서 만든다면 얘기가 좀 달라진다.

홈메이드 햄버거는 햄버거 번도 호텔에서 자체 생산하다 보니 햄버거 번을 만드는 레시피가 필요하다. 고기 패티, 소스, 야채 등도 모두 별도의 레시피가 있다. 고기 소스는 어떻게 만들까? 맛있는 비프 소스를 만들기 위해서는 긴 시간 동안 달인 비프 스톡(육수)이 있어야 한다. 비프 스톡은 어떻게 만들까? 수율 80%의 소고기 등심 스테이크가 있다면, 수입 호주산 등심 스테이크 10kg을 해체하여 스테이크용 고기 8kg을 얻는다. 나머지 2kg은 자투리 고기, 기름, 힘줄, 근막 등이다. 이런 부산물은 따로 모아서 비프 스톡(육수)을 만드는데 활용한다. 스톡은 냉동고에 보관해 두었다가 비프 소스 등을 만들 때 베이스로 사용한다.

　카페, 연회장, 룸 서비스, 라운지, 이태리 식당, 일식당, 중식당 등 여러 다이닝이 호텔 안에 있고 이곳에서는 하루에도 수많은 식음료 재료들을 사용한다. 재료의 효율적인 활용을 위해 공통으로 사용하는 재료, 예를 들어 스테이크, 스톡, 소스, 소제된 야채, 가니쉬(Garnish; 고명) 등은 중앙공급 주방(Central Kitchen)의 부처(Butcher; 고기 해체 및 소제), 프로덕션(스톡, 소스, 스프 조리), 전처리(야채 및 과일 소제) 등을 거쳐 Ready To Cook 중간재 상태로 사전 생산하여 각 주방에 배분한다. 이 과정에서 나오는 여러 가지 부산물들은 스톡, 소스, 소시지 등을 만드는데 활용한다. 이런 과정을 거쳐 다른 곳에서는 느낄 수 없는 해당 호텔만의 맛을 만들어 낼 수 있다. 또한 각 주방에서 동일한 사전생산업무 인력을 통합하여 운영할 수 있어 인건비를 줄이고, 식재료 부산물을 효율적으로 활용할 수 있게 되어 식재료 비용 또한 낮출 수 있는 등 일거삼득의 효과가 있다.

　호텔에는 F&BCC라는 업무가 있다. F&BCC는 Food & Beverage Cost Control의 줄임 말로 식음료 재료비를 계산하고 관리하는 업무이다. 식음료 재료비는 호텔에서 사용하는 비용 중 인건비 다음으로 크기 때문에 정확한 식음료 재료비의 계산은 호텔 경영에 중요한 프로세스이다.

F&BCC는 구입한 재료, 생산 중인 가공품, 주방 창고 재고, 주방 간 이동한 물류 등을 감안하여 각 식당별 재료비를 결산, 식당별로 손익계산서를 작성하는 근거를 만든다. 또한 메뉴별 레시피를 기초로 표준 재료비를 계산하고, 실제 사용한 재료비와 표준 재료비와의 차이 원인을 분석하여 가격차이와 수량 차이로 구분해 내고, 수량 차이의 경우 주방에 피드백하여 원인 파악, 대책 수립 후 실행한다. 이런 일련의 과정을 통해 식당별 메뉴별로 정확한 원가를 산출하여 경영자들에게 스타 식당 스타 메뉴에 대한 정보를 제공하고, 식음료 재료비의 누수현상을 방지하고, 주방의 재고를 최적화하는 등의 역할을 수행한다.

나만의 햄버거를 만들기 위해서는 생각보다 많은 과정을 거쳐야 한다

제40화 잘 부탁드립니다?

자, 이제 당신은 호텔의 프로세스를 손에 쥐어야 한다는 사실을 알게 되었다. 프로세스를 정리해 보려면 어떻게 해야 할까? 전문가의 도움을 받아야 할까? 어떤 전문가를 찾아야 할까? 프로세스에 대한 필요를 알게 된 호텔 경영자가 호텔의 프로세스를 정리해 보려 할 때 처음 생각나는 질문들이다.

'비용과 시간을 들여 프로세스와 호텔을 잘 알고 있는 전문가 집단에게 의뢰하면 얻을 수 있지 않을까?' 라는 생각에, 컨설팅 회사의 제안서를 받아보고, 입찰 프레젠테이션을 통하여 한 회사를 선정하여 계약하고, '잘 만들어 주세요' 부탁하고, 결과를 지켜보면 되겠지 하고 생각하기 쉽다. 하지만 결론적으로 말하면 이런 접근은 거의 실패한다고 보면 된다.

호텔의 프로세스는 그 호텔의 '철학'이다. 모든 호텔의 프로세스는 다르다. 각자의 생각이 다르고, 문화가 다르고, 환경이 다르고, 일을 처리하는 방식이 다르기 때문이다. 프로세스에는 그 호텔의 생각, 문화, 환경, 역사, 일 처리 방식 등 모든 것이 담겨있다. 사람으로 치면 '가치관' 같은 것이다. 모든 사람이 유전자, 자라온 환경, 배움의 정도 등에 따라 삶의 방식이 다 다르듯이 호텔의 프로세스는 그 호텔의 철학이자 가치관이다.

따라서 프로세스를 정리하는 방법론은 전문가의 도움을 받을 수 있지만, 프로세스 내용을 실제로 기술하는 것은 호텔에서 경영진과 스태프들이 직접 수행해야 한다. 프로세스를 경영진과 스태프들이 직접 정리하다 보면, 부서단위로 쪼개져 있던 일들의 연결점이 있다는 걸 알게 된다. 또 이 부서는 이 일을 왜 이렇게 할까? 생각을 조금만 달리하면 고객에게 더 나은 경험을 줄 수 있지 않을까? 이 프로세스는 이 부서 저 부서에서 같은 일을 하고 있네? 하는 등의 '전체 최적화' 관점이 생기게 된다. 또한 스태프들은 프로세스 정리 작업에 직접 참여함으로써 자신들의 업무를 좀 더 명확히 알게 되고, 다른 부서의 업무처리에 대해서도 이해도를 높이게 되고, 평소 불편하다고 생각했던 업무처리방식에 대해 개선 의견을 내는 등의 과정을 거치면서 호텔 전반의 프로세스를 이해하게 되는 '사내 프로세스 전문가' 양성 효과도 생긴다.

또한 사람도 5살 때 생각과 15살, 그리고 25살 때 생각이 다 다르듯이 프로세스도 매일 조금씩 바뀌는 살아있는 생물체와 같다는 점을 기억해야 한다. 6개월 정도의 시간을 들여 프로세스를 정리하고 나면, 모든 것이 끝난 것 같지만, 이제 새로운 경영 프레임으로 시작하는 출발선에 서 있게 되는 것이다. 호텔 경영진과 사내 프로세스 전문가들은 주기적으로 프로세스가 제대로 작동하고 있는지, 그렇지 않다면 어떤 문제점이 있는지, 다른 호텔이나 다른 산업에서 착안한 새로 도입할만한 혁신적인 프로세스가 없는지 등을 살펴 프로세스를 수정, 삭제, 병합, 신설하여 호텔이 변화하는 환경에 적응하고 산업을 선도할 수 있게 해야 한다.

'내 프로세스는 스스로 정리하고, 계속 시장과 고객에 맞추어 수정하고 보완하면서 성장한다'는 관점에서 프로세스의 전체 최적화, 내부 전문가 양성, 그리고 수정과정 등을 '내가' 그리고 '지속적'으로 실행하는 것이 핵심이다.

내 프로세스는 '내가' 직접 배워서 만들고, 지속적으로 수정해 나가야 한다

제41화 너 자신을 알라

집 주변에 파스타 식당이 오픈하여 들러 보았다. 실내 20석 정도의 작은 식당에 두 명의 젊은 셰프가 조리복을 갖춰입고 음식을 만든다. 인테리어는 작은 동네 가게지만 꽤나 신경을 써서 좋다. 주방 오븐이나 냉장고 등 설비도 모두 새로 구입한 듯 깔끔하다. 아쉬운 것은 저녁시간인데도 손님이 아무도 없다.

'오픈 한지 얼마되지 않아 그렇겠지'하고 앉아 파스타 메뉴를 주문했다. 파스타가 나오기 전에 마늘바게트 한 조각을 준다. 마늘바게트가 돌같이 딱딱하여 아무런 맛을 느낄 수가 없다. 파스타는 한 입 먹는 순간 '아, 이게 아닌데'하는 생각이 들 정도로 맛이 엉망이다. 어찌어찌 식사를 마치고 나왔다. 몇 주 뒤 저녁시간에 그 식당앞을 지나는데, 두 명의 셰프는 손님이 아무도 없는 식당 의자에 어두운 표정으로 앉아 있었다.

식당과 호텔 운영은 쉽게 접근하는 경우가 많다. 자영업자의 상당수가 식당이나 숙박업등 사업에 뛰어들고 있다. 식당과 호텔이 쉬워 보이는 이유는 '라이프스타일' 사업이기 때문이다. 우리는 모두 매일 '밥 먹고, 쉬고, 잠을 자며 지낸다. 내가 한 요리와 내 집의 스타일을 친구들이 칭찬해주면, 사업으로 확장해도 될 것 같은 생각에 이 돈 저 돈 끌어다가 투자하여 식당이나 호텔을 오픈한다. 왜 반도체 사업을 꿈꾸는 자영업자는 없을까? 반도체는 일반인들이 잘 모르는 분야이기 때문이다.

그러면 식당과 호텔은 잘 알고 있는 것인가? 전혀 그렇지 않다. 겉으로 드러난 맛과 멋만 조금 알고 있는 것이다. 개인적으로 맛과 멋을 즐기는 라이프스타일과 사업으로서의 라이프스타일은 완전히 다른 차원이다. 나는 잘 알고 있다고 생각하지만 사업으로 놓고 보면 5% 이내만 겨우 알고 있는 것이다. 다만 매일 접하고 있기 때문에 잘 알고 있고 잘할 수 있다고 착각하는 것일 뿐이다.

이렇듯 자신이 무엇을 알고 무엇을 모르는지를 아는 즉, '메타인지'가 매우 낮은 영역이 식당과 호텔사업이다. 식당과 숙박업에 뛰어든 자영업자의 3년 내 생존율이 30%도 되지 않는 이유가 바로 여기에 있다. 위 예로 '파스타 정도야 나도 할 수 있어'라는 생각에 집에서 요리하던 수준으로 사업을 하려다 보니 오픈 하자마자 문 닫을 지경에 이른 것이다.

5:95, 고객의 눈에 보이지 않는 95의 준비 영역에 대한 이해와 준비가 잘 되어 있어야, 눈에 보이는 서비스 영역 5가 비로소 '차별적인 고객 경험'으로 연결된다.

제42화 미씨? MECE!

고객들은 서비스가 엉망이라고 연일 불만이다. 스태프들은 일이 힘들다고 줄을 이어 퇴사한다. 급기야 주방에서는 화재사고까지 났다. 지난달에는 호텔의 수지도 마이너스를 기록했다. 모두들 좋은 서비스를 위해 열심히 일하고 있는 것 같은데 도대체 왜 이러는지 모르겠다. 모든 게 뒤엉켜있다. 어디서부터 시작해야 하나?

맥킨지 컨설팅회사에서는 문제를 파악한 후 구조화하는 기법으로 MECE(Mutually Exclusive, Collectively Exhaustive; 서로 독립적이고, 합하면 모두가 되는)를 활용하고 있는데, 어떤 복잡한 현상을 일목요연하게 정리하는데 탁월한 기법이다. 수천 개가 되는 호텔 프로세스를 3~5개의 카테고리로 요약하고, 동시에 50개, 수천 개로 디테일을 풀어내는 프로세스 구조화에 필수적인 방법론이다.

'모바일 체크인' 프로세스의 예를 들어보자. 먼저 스태프들과의 아이디어 미팅을 통해서 모바일 체크인 프로세스의 WBS(Wok Breakdown Structure; 업무 프로세스의 최소 단위; 한 사람이, 한 곳에서, 시작에서 끝까지 할 수 있는 업무단위)를 도출해본 결과, 50개가 나왔다. 다음은 이 50개 WBS를 동일한 업무 그룹으로 묶어본다. 시간대별이나 고객 유형별 또는 장소별 등 여러 가지 묶는 형태가 있을 수 있지만, 고객중심을 생각하면서 정리하는 것이 중요하다. 50개를 크게 고객 서비스 시간대별로 묶었더니 '사전 준비', '서비스', '앱 업데이트' 등 3가지 그룹으로 묶을 수 있었다.

이제 이 3가지 그룹에 MECE원칙을 적용해보자. 먼저 ME 즉, "3가지 묶음이 서로 중복된 게 없는가?"를 살핀다. 사전준비, 서비스 등 시간 흐름으로 놓고 보면, '앱 업데이트'는 '사전 준비' 프로세스에 들어가야 하므로 중복이다. 즉, 묶음은 '사전 준비'와 '서비스' 2개로 준다. 이제 두 번째 질문 CE 즉, "2개의 묶음이 모든 프로세스를 다 설명하고 있는가?"를 점검한다. 시간 순으로 정리한다면 서비스 이후 단계인 '사후 관리'가 빠졌다. 묶음에 '사후 관리' 프로세스를 추가한다. 이런 식으로 해서 '모바일 체크인' 프로세스는 '사전 관리', '서비스', '사후 관리' 등 3가지 프로세스로 그룹핑할 수 있게 된다.

여기서 세 번째 질문이 추가된다. MECE를 적용하여 그룹핑한 "3가지 프로세스가 서로 수준이 맞나? 아니면 다른 두 개에 비해 한 개가 너무 작은가?"를 점검하여 묶음의 사이즈를 맞춰준다. '항렬'이란 게 있다. 아버지 형제 항렬에는 큰아버지, 작은아버지 등으로 같은 레벨로 그룹핑해 줘야 하는데, 이 그룹핑에 아들 레벨인 형이 끼어들어 있으면 레벨링이 잘못 되어있는 것이니 수정해야 한다. 이런 식으로 MECE를 이용해서 프로세스를 구조화하고 난 후 발생한 문제들을 프로세스 위에 표시해 보면, 문제 프로세스의 원인과 결과를 쉽게 파악할 수 있게 되어 근본적인 문제해결이 수월해진다.

어떤 복잡한 문제도 스태프들과의 아이디어 미팅을 통해 WBS를 정의하고, MECE를 통해 레벨링 및 구조화하고, 프로세스 인풋과 아웃풋 KPI를 정의하고 나면, 문제를 체계적으로 단순화시켜서 이해할 수 있게 되어, 문제의 핵심 원인 파악이 빠르고, 개선방향을 고객만족과 전체 최적화 관점에서 빠르게 도출해 낼 수 있다.

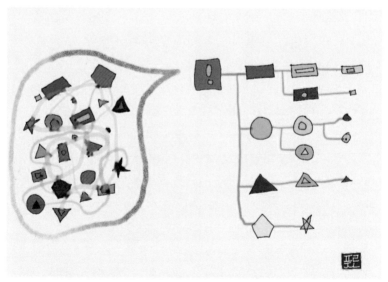

MECE. 아무리 복잡해 보이는 문제들도 깔끔하게 정리할 수 있다

제43화 가치사슬

　호텔경영자는 고객에게 '탁월한 경험'을 제공하고, 투자자에게 운영수익과 자산가치 상승을 가져다주고, 지역사회에 고용창출, 납세, 환경, 준법 등의 의무를 다한다. 호텔의 이해관계자들에게 이러한 많은 의무들을 완수하기 위한 첫 번째 도미노는 고객에게 '탁월한 경험'을 제공하는 일이다.

　고객에게 '탁월한 경험'을 제공하기 위해서 하는 일들을 순서대로 정렬해 놓은 것이 '가치사슬'이다. 호텔의 프로세스를 가치사슬화 하여 펼쳐 놓으면 호텔 프로세스의 전체적인 선후 순서를 알 수 있고, 각 프로세스의 강약점을 파악할 수 있고, 향후 전략적으로 어떤 부분에 자원을 배분할 것인지에 대한 판단도 가능해진다.

　간단하게 호텔의 가치사슬을 정리해보면, '고객 → 서비스운영 →마케팅 → 개발 → 기획 → 관리'로 요약할 수 있다. 먼저 '서비스 운영'은 브랜드 콘셉트를 고객에게 직접 전달해주는 역할을 한다. 고객이 실제로 호텔 브랜드를 접하게 되는 최전방 프로세스이다. '마케팅'은 출시된 브랜드를 시장 및 고객과 커뮤니케이션하는 활동으로 Brand Identity, Visual Identity관리, 홍보 등의 프로세스가 있다. '개발'은 이미 출시된 브랜드를 확산하기 위해 새로운 사이트를 발굴하고 계약하는 프로세스이다. '기획'은 새로운 호텔 브랜드를 기획하는 활동이다. 이를 위해 시장과 고객 조사 등 MI(Market Intelligence)를 거쳐 인사이트와 비즈니스 모델, 그리고 브랜드 콘셉트와 스탠더드를 도출한다. '관리'는 인사, 법무, 재무 등 지원 프로세스이다.

고객에서 관리까지 이어지는 호텔의 가치사슬을 세부적으로 정리해보면 많은 프로세스들이 서로 영향을 주고받는다는 것을 알 수 있게 된다. 예를 들어 '서비스 운영'의 객실 정비 프로세스에 문제가 생겼다고 가정해 보자. 객실 정비에 영향을 주는 선행 프로세스를 역으로 연결해본다. '객실 정비 ← 스케줄 관리 ← 인력운영'식으로 전체를 파악해 보니, 퇴직한 인력 대체가 늦어 인력부족으로 객실 정비에 문제가 생긴 거라면, 인력운영 프로세스에 어떤 약점이 생긴 건지를 파악해볼 수 있다.

호텔의 가치사슬을 구성하는 하부 프로세스를 정리하고, 그동안의 고객 반응과 스태프들의 브레인스토밍을 통해 프로세스 상의 문제점을 파악한 후 이 문제점을 각 프로세스에 뿌려보면, 각 프로세스의 강약점과 사업에 미치는 영향력을 알 수 있게 된다. 프로세스 경쟁력을 파악한 후에는 영향력이 큰 약점 프로세스는 우선적으로 자원을 투입하여 보강해야 한다.

 가치사슬 분석을 통하여 '탁월한 고객 경험'을 제공하는데 우선적으로 보강해야 할 프로세스를 알게 됨으로써, 제한된 자원을 효율적이고 전략적으로 배분할 수 있게 된다.

가치사슬 분석을 통하여 우선 보강해야 할 부분을 알 수 있다

제44화 프로세스 품질 측정하기

　호텔의 프로세스를 정의해보면, 업무의 흐름이 어디에서 시작되어 어디를 거쳐 어디에서 끝나는지, 병목현상이 있는지, 비효율적인 인풋이 투입되이 있는지, 일하는 문화는 어넌지 등 전체적인 관점에서 업무 흐름을 파악할 수 있게 된다. 프로세스 정의 과정을 통해 여러 스태프들이 호텔의 많은 공간에서 별도로 진행해오던 업무들의 퍼즐 맞추기를 할 수 있게 된다. 어떤 조각은 그림이 닳아서 알아볼 수 없게 되어있거나 구부려져 있어 전체 그림의 질을 떨어뜨릴 수 있고, 더 안 좋은 경우엔 조각이 아예 없을 수도 있다.

　호텔 전체의 프로세스 파악이 끝나면, 전체 최적화 관점에서 불필요한 프로세스를 찾아 없애고, 중복이 되는 프로세스는 하나로 합한다. 그리고 반복적인 프로세스는 시스템을 개발하여 자동화하고, 혁신적인 새로운 프로세스를 신설하는 등의 작업을 거친다. 경우에 따라서 프로세스의 조정은 조직이나 직무의 신설, 합병, 폐지도 뒤따르게 된다. 예를 들어 객실, 식당, 피트니스에서 각각 고객서비스팀을 운영하던 것을 하나로 묶어서 진행하기로 결정한다면, 그에 따른 조직, 직무, 인력이동 등이 필요할 것이다.

모든 프로세스는 인풋과 아웃풋이 있다. 위 예에서 '고객 서비스' 프로세스를 수행하기 위해선 프로세스 정책과 절차 기술서, SOP, 직무기술서, 직무 명세서, 서비스 스태프, 고객정보 시스템, 서비스 에러 복구 경비 예산 등의 인풋이 필요하고, 이런 인풋을 통해 얻고자 하는 결과물인 '고객만족도 점수'라는 아웃풋이 있다. 전체 프로세스를 정의하고 각 프로세스의 인풋과 아웃풋을 도출한 뒤, 해당 호텔에 맞는 최적의 프로세스 조합을 만들 수 있다. 동일한 프로세스라도 지역, 국가, 문화에 따라 다르게 적용해야 하는 경우가 많으니 브랜드 확장 전개 시에는 프라퍼티 별로 추가적인 조율이 필수적이다.

프로세스별로 인풋과 아웃풋은 모두 지표와 숫자로 변환하여 KPI(Key Performance Index; 핵심 성과지표)로 단순화하면 호텔 내 성과평가 보상 커뮤니케이션 등이 단순하고 명확 해진다. 예를 들면, '고객 서비스 프로세스'의 인풋 KPI는 1년 예산 2억(스택 인건비 + 운영경비)이고, 아웃풋 KPI는 고객만족도 4.0점 이상 하는 식으로 정할 수 있다.

호텔 전체 프로세스의 인풋과 아웃풋 KPI를 통해 각 프로세스 품질수준을 쉽게 이해할 수 있고, 고객만족에 투입되는 운영 경비를 종합해서 판단할 수 있게 되어 균형 잡힌 운영이 수월해진다.

제45화 프로세스 성과지표 정하기

호텔 전체 프로세스를 정의해본 결과, 1,000개의 프로세스가 나왔다. 각 프로세스의 품질을 나타내는 KPI (Key Performance Index, 핵심 성과지표)를 어떻게 정할 것인가?

프로세스의 최소 단위는 WBS(Work Breakdown Structure)이다. WBS는 '한 사람이 한 장소에서 시작해서 끝내는 업무' 단위이다. 호텔의 프로세스를 WBS단위로 쪼개어 들어가면, 1,000개는 훌쩍 넘어가게 된다. 이렇게 많은 프로세스들의 KPI를 어떻게 다 정의한단 말인가? 설사 정의한다 하더라도 효율적인가?

물론 할 수 있고, 꼭 필요한 일이다. 처음 시작할 때는 어렵고 시간도 걸리는 일이지만, 호텔 스태프들과 몇 개월 동안 프로세스를 정의하고, 프로세스 KPI작업을 하다 보면, 내가 이 일을 왜 하는지, 내가 하는 일이 호텔에 어떤 영향을 주는지, 지표와 성과 수준은 어느 정도인지를 알게됨으로써, 결과적으로는 조직 구성원 전체가 고객만족과 전체 최적화 관점의 프로세스적인 마인드 셋을 갖추게 되는 '문화 교육 프로젝트'가 된다.

예를 들어 모바일 앱을 통해서 객실을 예약한 고객의 '모바일 체크인(Level 1)'프로세스 KPI를 정해보자. 먼저 해당 업무를 수행하는 스태프들과 함께 현재 하고 있는 일들을 WBS (Work Breakdown Structure) 단위로 모은 다음, 모아진 WBS가 50개 라면, 50개 WBS (Level 4 프로세스) 의 선후 흐름에 따라 정렬하여 WBS 흐름도를 만든다. WBS가 유사한 그룹으로 MECE원칙 (제42화 '미씨? MECE!' 참조) 에 따라 묶고 나니 5개의 Level 2와 10개의 Level 3 프로세스로 정리되었다. 50개의 WBS는 MECE 레벨링 작업을 통해 레벨 1-2-3-4로 구조화되어 프로세스를 부챗살처럼 접었다 폈다 즉, 요약했다 세분화했다 가변적인 운용이 가능해진다. '모바일 체크인'(레벨 1)은 '사전 준비-서비스-사후 피드백'(레벨 2)으로 나뉘고, '사전 준비' 아래에는 '모바일 앱 관리' 등 10개(레벨 3), '모바일 앱 관리' 아래 '앱 업데이트'(레벨 4) 하는 식이다.

레벨 4 '앱 업데이트' 프로세스의 KPI는 인풋에 시스템 인력과 운영 비용이, 아웃풋에는 '업데이트 준수율'이, 레벨 3 '모바일 앱 관리' 프로세스 KPI는 'MAU(Monthly Active User)'가 될 수 있다. 레벨 2 '사전 준비' 프로세스 KPI는 '구매전환율', 레벨 1 '모바일 체크인' 프로세스 KPI는 '모바일 체크인 비율'등으로 정할 수 있다.

첫 술에 배부를 수는 없다. 호텔 운영자는 스태프들과 아이디어 미팅을 통해 WBS와 프로세스 KPI를 정하고, 주기적인 업데이트 관리를 하다 보면 프로세스 KPI가 점차 핵심적인 포인트에 다가간다는 것을 알 수 있게 된다.

프로세스는 한 번 정리하고 묻어두는 게 아니고 지속적으로 변경 사항을 업데이트해주는 '살아 숨쉬는 문화'가 핵심이다.

제46화 맛집의 비밀?

양식당의 스테이크 요리에서 머리카락이 나온 근본 원인은 재료를 납품하는 협력회사의 위생관리에 있었고, 객실 침대 시트에 오물이 묻은 이유는 객실 정비 직원의 공백 때문이었다. 물컵의 비린내는 식기 세척기 마지막 헹굼 온도가 낮아서 발생하였고, 욕실에서 녹물이 나온 이유는 전기품질 저하로 일어난 순간정전 때문이었다.

위의 사례처럼 호텔은 한 고객에게 좋은 서비스를 제공하기 위해서는 호텔 내·외부의 많은 부서와 사람들이 물 흐르듯이 잘 연결되어 있어야 한다. 10개를 잘하다가 1개의 흐름에 문제가 생기면 결과물은 엉망이 된다. 즉, 고객 만족을 위해서는 '프로세스' 적인 접근이 필수적인 게 바로 호텔이다.

자, 이제 프로세스적인 접근이 필요하다는 것은 알게 되었다. 그럼 구체적으로 들어가서 프로세스는 누가 어떻게 정의해야 할까? "호텔 프로세스 전문가를 찾아서 고민을 얘기하고 해결책을 요청하면 그 전문가가 답을 찾아 주겠지" 하고 생각하면 오산이다. 물론 외부 전문가가 방법론을 제시해 줄 수는 있다. 하지만 프로세스의 세부내용은 각 호텔에서 경영진과 운영진 및 스태프들이 모두 참여해서 직접, 계속해서, 그리고 지속적으로 만들어 가야 한다. 이는 마치 아이가 그림을 배울 때 그림을 잘 그리는 방법을 미술 교사에게 배울 수는 있지만, 그림의 완성도는 아이가 직접 그리고, 실패하고, 다시 그리고 하는 반복을 통해서 만들어 가는 것과 같은 이치이다.

국밥집이 즐비한 국밥거리에서도 유난히 손님들로 붐비는 식당은 따로 있다. 부슨 차이일까? 식당에서 쓰는 고기, 야채는 아무나 시장에서 살 수 있지만, 재료는 식당 주인의 요리방법에 따라 전혀 다른 맛을 낸다. 프로세스를 외부 전문가에게 설계해달라고 하면 그럴듯한 모양은 나오겠지만, 이 멋진 프로세스의 실행은 도어 스태프, 식당 서비스 스태프, HR 매니저, 객실 정비 협력회사 스태프 등 모든 호텔의 스태프들이 해당 프로세스들의 연결고리를 잘 이해하고 있어야 하고, 모든 프로세스를 계획하고, 이행하고, 점검하고, 수정하는 루프가 지속적으로 유지되고 있어야 비로소 가능해진다. 맛집이 수천번의 시행착오 끝에 핵심 노우하우를 얻어내듯이 호텔의 프로세스도 차별화된 핵심 노우하우는 단번에 얻어지는 것이 아니고 지속적으로 연구하고 수정해 나가는 '문화' 속에서 만들어진다. 따라서 호텔의 핵심 기술은 쉽게 따라 할 수 있는 것이 결코 아니다. 수천장의 연습작을 거쳐 한 장의 명화가 탄생하는 것과 같은 원리이다.

제47화 물 잔에서 비린내가 나요

    체크 아웃하는 고객으로부터 카페에서 마시는 물에서 냄새가 난다는 얘기를 들었다. 좋은 생수를 별도로 구매해서 사용하던 터라 이해가 되지 않았지만 스태프들과 상황을 파악해 보았다. 온도나 습도와 달리 냄새는 지표로 나타낼 수 있는 측정장비가 없기 때문에 다섯 명의 스태프들과 생수와 물잔을 여러가지 조건에서 냄새를 각자 맡아보고 테스트해 보았다. 테스트 결과 물비린내의 원인은 세척기에 있었다는 것을 알게 되었다. 하루에 많은 기물을 사용해야 하는 호텔에서는 대형 자동 식기세척기를 활용한다. 길이가 5미터가 넘는 대형 식기 세척기는 많은 기물을 자동으로 세척해주는 효율적인 장비이다. 세척기 내부에 컨베이어 벨트가 있어서 기물 세척용 랙에 담긴 기물을 세척, 세제, 헹굼, 건조해 기물을 위생적이고 청결하게 처리하여 내어 놓는다. 이때 마지막 헹굼 과정에서 물의 온도가 기준 온도 보다 낮다 보니 생긴 문제였다.

호텔 운영자는 식기세척기 헹굼 온도가 물비린내 원인 중 하나라는 것을 알게 되었고, 식기 세척 프로세스 KPI(Key Performance Index, 핵심 성과지표)에 헹굼 온도 점검을 매일 실시하는 절차를 셋업 하였다. 이 사례는 수면 위(FOH, Front of House; 고객 서비스 구역))에서 드러난 문제점의 근본 원인은 수면 아래(BOH, Back of House; 서비스 준비 구역)에 있다는 것을 설명해준다. (물론 물비린내의 원인은 또 다른 곳에 있을 수도 있다)

좋은 의사는 환자의 상태를 보고 병을 빠르고 정확히 진단하여 처방함으로써 완치 확률을 높인다. 좋은 호텔 운영자는 FOH에서 고객에게 드러난 품질불량의 원인이 어떤 BOH프로세스에 있는지 그 연결고리를 이해하고 있어서, BOH 프로세스 KPI를 사전에 점검하여 유지시켜 줌으로써 FOH 불량을 예방하며, 혹시 FOH에서 불량이 발생하더라도 원인을 빠르고 정확히 짚어내어, 이를 효율적으로 복구할 수 있게 한다. 반면에 이 연결고리를 이해하고 있지 못한 운영자는 사전 예방프로세스에 대한 개념이 부족하므로 FOH에서 불량 상황 발생 시, 여러 노력은 하지만 근본 원인은 제거하지 못하고 지나가게 되어 같은 불량을 여러 고객에게 반복해서 노출한다. 이는 결과적으로 내부 운영 비효율과 고객 이탈의 원인이 된다.

피플

제48화 매.현.조.

　서비스업은 고객 서비스 현장인 FOH(Front Of House)와 준비 현장인 BOH(Back Of House)가 한 공간에 있다는 특징이 있다. TV의 경우를 생각해보자. 생산은 멕시코 공장에서 만들고, 판매는 전 세계에 있는 판매 대리점에서 한다. TV를 사는 고객은 생산공장을 가 볼 일이 없고 판매 대리점에만 가보면 된다.

　호텔은 어떤가? 호텔의 생산 또는 준비 현장인 BOH는 FOH 공간을 따라 호텔 곳곳에 조금씩 분산되어 있다. 음식을 즐기는(소비) 공간 바로 옆에 붙어 있는 주방에서 조리(생산)가 이루어진다. 쾌적하고 편안한 객실 정비는 각 층에 있는 하우스키핑에서 수행한다. 30층 호텔의 경우, 서비스 리드타임 최적화를 위해 각 층마다 하우스키핑 스테이션이 있다. 지하층에는 공기조절기, 보일러, 냉동기, 전기실 등이 있는 기계실이 있고, 스태프 식당이나 휴게실도 따로 있고, 식자재 창고, 기물 창고, 로딩 덕, 쓰레기 처리장 등 수많은 공간들이 분리되어 있다.

품질은 편차를 줄이는 것이 핵심인데 호텔은 호텔 스태프들의 역량 편차, 근무공간 편차 등 편차투성이다. 수백 명 또는 수천 명의 스태프들은 모두 경력, 마인드 셋, 역량들이 다 다르다. 게다가 호텔 FOH 스태프들은 이직률이 높은 편이다. 스태프들이 바뀐다는 것은 호텔로서는 상당한 부담이다. 3년 차 스태프가 나가고 신입 스태프들이 들어왔다면 소위 '머릿수'는 같아지겠지만 고객에게 제공하는 서비스 총량과 품질은 큰 차질이 생기게 된다.

2일을 투숙한 고객을 만족시키기 위해서는 50명의 호텔 스태프들이 각자 맡은 프로세스를 매번 균일한 품질로 제공해야 한다. 많은 스태프들이 다양하게 분산된 공간에 배치되어 소규모로 또는 독립적으로 업무를 수행하는 환경에서, 모든 프로세스를 매끄럽게 수행하여 한 명의 고객에게 차별화된 경험을 균질하게 매번 제공한다는 것은 대단한 도전일 수밖에 없다.

아이들이 자라나는 과정을 생각해보자. 부모는 아이에게 올바른 생활태도를 가르치기 위해 매일 매시간 상황이 발생할 때마다 그 자리에서 끊임없이 지치지 않고 같은 말을 반복한다. 그 지겨운 '잔소리'가 한 아이를 사회 구성원으로서 잘 생활할 수 있게 만들어주는 것이다. 호텔 스태프 교육도 원리는 같다. 물론 처음 호텔에 들어왔을 때 다양한 프로그램으로 교육과 훈련을 받고 현장에 배치되겠지만, 이것 만으론 부족하다.

호텔에는 품질관리 프레임 워크가 있어야 하고, 그 프레임 워크 안에 현장훈련이 있다. 호텔 현장훈련은 부모가 아이 가르치듯이 '매.현.조. 즉, 매일, 현장에서, 조금씩' 실행해야 한다. 매일 스태프 미팅 시 매니저가 주관하여, 호텔의 서비스 철학을 교육하고, 사례를 중심으로 칭찬과 수정 피드백을 10분 이내에서 진행한다. 이런 반복 훈련을 통하여 스태프들 간의 서비스 역량 편차를 최소화할 수 있다. 품질팀에서는 365일 현장훈련에서 활용할 콘텐츠를 만들어 배포하고 매니저들에게 별도의 현장교육방법에 대해 교육하는 시간을 주기적으로 갖는다.

'매.현.조.', 차별화된 고객 경험을 제공하기 위한 호텔 스태프들의 서비스 품질 교육 훈련은 매일, 현장에서, 조금씩 이루어진다.

제49화 예약이 다 찼습니다.

리조트 호텔 경영자는 연중 오르락내리락하는 고객 수요를 어떻게 대응할 것인가가 가장 큰 숙제다. 바닷가 리조트를 예를 들어보면, 여름철 1달 정도에 많은 고객이 몰리고 나머지 시즌에는 수요가 피크 시즌에 비하면 60%에도 미치지 못한다.

호텔은 탁월한 고객 경험을 제공하기 위해 많은 일들을 사전에 준비해야 한다. 객실, 식당, 정원, 수영장 등 편의 시설들을 정비하고, 우수한 서비스 스태프를 배치하기 위하여 채용, 교육훈련, 피드백 등도 준비한다. 또한 조경, 시설 수선, 미화 등 협력회사 들과의 계약관계도 미리 잘 정비해 두어야 한다. 고객 경험은 최소율의 법칙처럼 전체 프로세스 중 가장 약한 고리에서 결정될 가능성이 크기 때문에 특히 협력회사 관리가 상당히 중요하다.

시설, 서비스 스태프, 협력회사 등은 호텔 운영 측면에서 보면 공급 사이드이다. 모두 인풋 즉, '돈'이 들어가는 요소들이다. 이 공급사이드에서 투입한 비용들이 적절한 고객 수요에 의해 소비되고 아웃풋 즉, '수입'이 발생한다면 별 문제가 없다. 하지만 문제는 수요 사이드가 오르내리는 반면 공급사이드는 고정적이라는 점이다. 시설, 서비스 스태프, 협력회사 스태프들의 인풋 수준을 수요에 맞춰 오르내리게 운영하기가 매우 힘들다. 이런 연유로 여름 1개월 피크 시즌에는 수요가 몰리다 보니 서비스 스태프가 부족하고, 나머지 상당한 기간은 여유가 생겨 부적절한 비용이 발생하게 된다. 월의 리조트 호텔을 생각해 보자. 8월 첫 주는 소위 '학원 방학' 기간이다. 가족 고객들의 휴가 수요가 가장 많은 시즌이다. 수요가 몰리다 보니 예약하기도 쉽지 않고, 어렵게 예약이 되더라도 가격은 연중 가장 비싸다. 공급사이드는 어떤가. 많은 리조트 호텔들이 사람을 구하지 못해 인력 전쟁이 일어난다. 서비스 수준이 좀 떨어지더라도 '머릿수' 채우기에 급급하다. 고객 입장에서 보면 가장 비싼 비용을 지불하고 가장 낮은 수준의 서비스를 받을 가능성이 높다.

리조트 호텔 운영자는 수요 수준에 공급 수준을 일치시키는 동기화(Synchronization) 방법을 준비해 두어야 한다. 예를 들어 피크 시즌의 수요가 100, 비수기에는 40, 연평균은 60이라면, 서비스 스태프 등 공급 수준은 50에 고정시켜 놓고, 부족한 부분은 변동적으로 운영하는 방안을 강구해야 한다. 이때 유의할 점은 변동 인력의 서비스 품질을 고정인력 수준에 맞춰 관리해줘야 한다.

그렇게 하기 위해서는 '교육 훈련'이 중요하다. '교육 훈련'을 통하여 새로운 스태프들이 단기간에 탁월한 고객 경험을 이해하게 하고 실제 훈련을 통하여 서비스 수준을 끌어올려야 한다.

최근에는 휴가철 개념에서 벗어나 연중 휴가 수요가 고르게 나타나고 있지만 시티 호텔에 비하면 리조트 호텔은 수요의 가변성 관리가 수익성 관리에 필수적인 요소이다. 리조트 호텔은 '교육 훈련' 프로세스를 갖추어 수요의 가변성에 동기화된 공급의 가변성 관리가 이루어지도록 해야 한다.

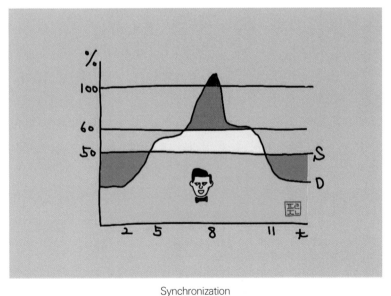

Synchronization
시즌별로 변하는 고객 수요에 맞춰 서비스 공급을 가변적으로 운영할 수 있어야 한다

제50화 주인이 없는 식당

단골 식당에 들렀다. 음식 맛도 좋고, 착한 가격에 깔끔하고 서비스도 좋은 편이라 가족들과 자주 가는 곳이다. 오늘도 여느 때와 마찬가지로 식당에는 많은 손님으로 북적이고 있다. 그런데 식당 안에 뭔가 이상한 분위기가 느껴진다.

가만히 식당 안 이곳저곳을 살펴본다. 먼저 서비스 스태프들이 뒤엉켜 있다. 한쪽에서는 세 명의 스태프들이 웃으며 큰 목소리로 어제 본 TV 드라마 얘기를 하고 있고, 여러 테이블에서는 주문을 위해 고객들이 손을 들거나 목소리를 내어 스태프를 부르고 있다. 또한 계산대 앞에는 계산을 기다리는 손님들이 줄 서 있다. 한참을 기다린 끝에 주문한 음식이 나왔다. 간이 짜다. '예전의 그 맛이 아니다'라고 느끼는 차에 옆 테이블에서 손님이 스태프에게 간이 짜다고 얘기하자 스태프가 '원래 그래요'하고 대수롭지 않게 반응해 언쟁이 벌어졌다. '왜 이렇게 되었지?'하고 둘러보니 식당 안에 '주인'이 없다.

주인이 있는 식당은 주인이 모든 상황을 잘 통제하고 있기 때문에 고객 맞이, 주문받기, 음식의 질과 주방 상황 체크, 순서대로 서비스하기, 추가 주문 처리하기, 불만고객 처리, 계산 및 환송인사, 등 모든 서비스 프로세스가 매끄럽게 운영된다. 하지만 '주인' 중심으로 서비스가 흘러가면 '주인'이 자리를 비울 때 서비스 프로세스 엉킴 현상이 발생할 수밖에 없다. 작은 식당의 경우에는 주인 중심으로 운영해도 주인이 혼자 모든 걸 커버할 수 있기 때문에 큰 문제가 없겠지만 큰 식당이나 호텔의 경우에는 주인 한 명이 여러 영업장의 많은 고객 서비스를 다 수행할 수 없게 된다.

영업장이나 고객의 규모가 커짐에 따라 공간과 시간대별로 업무를 구분하여 여러 사람이 서비스를 진행하게 된다. 이때 각 공간이나 시간대별로 '주인' 역할을 대신해 줄 사람이 필요하다. 이런 역할을 맡은 사람을 '매니저'라 부른다. 매니저들은 각자 맡은 영업장과 시간대별로 배정된 서비스 스태프들과 함께 균일한 품질의 서비스를 제공해야 한다.

호텔 운영에서 '매니저 양성'은 서비스 품질을 좌우하는 핵심 프로세스이다. 예를 들어 500명의 스태프가 일하는 호텔에 20명의 매니저가 있다면, 호텔 운영자는 20명의 매니저가 호텔의 브랜드 스탠더드, 서비스 스탠더드, SOP 등 호텔의 철학과 세부 업무절차에 대해 동일하게 이해하고 실행할 수 있도록 교육·평가·피드백하는데 많은 노력을 기울여야 한다. 위의 예에서 평균적으로 1명의 매니저는 25명의 스태프들의 현장 서비스 스승이 된다. 20명의 매니저 중 1명의 서비스 역량이 떨어지면, 그 영향은 해당 매니저와 일하는 스태프 25명에게 고스란히 미치게 되어 결과적으로 한 영업장의 한 운영시간대에 서비스가 무너지는 '서비스 품질 블랙홀'이 발생하게 된다.

　호텔 고객은 투숙 기간 동안 여러 부대시설에서 다양한 시간대에 많은 스태프들에게 다양한 서비스를 받는다. 호텔 운영자는 매니저 양성 파이프라인을 통해 공간, 시간, 사람의 변수를 조화롭게 컨트롤하여 고객에게 언제 어디서나 '항상 차별화된 경험'을 제공할 수 있도록 해야 한다.

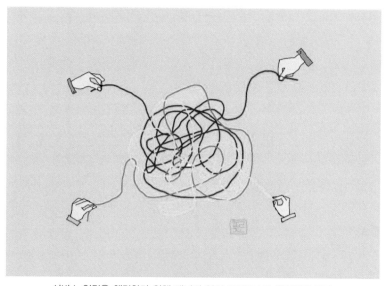

서비스 엉킴을 해결하기 위해 매니저 양성 프로세스를 운영해야 한다

제51화 잠시만 기다려주세요

　카페에서 중요한 고객과 함께 비즈니스를 겸한 식사를 하던 중 접시에서 머리카락이 나와서 서비스 스태프를 불러 상황을 설명했다. 이럴 경우 서비스 스태프는 어떤 반응을 보일까? 최악의 반응은 "손님 머리카락 아닌가요? 우리는 다 위생모자를 쓰고 있습니다." 이렇게 고객에게 책임을 떠 넘기는 경우일 것이다. 또 이런 반응도 있을 수 있다. "잠시만요. 물어보고 오겠습니다." 이 경우도 식사가 중단되어 고객과의 비즈니스 대화는 이어지기 어렵다. 이럴 경우 고객 입장에서 가장 좋은 대응은 "불편을 드려서 죄송합니다. 바로 음식을 다시 준비해 드리겠습니다"하고 적절한 Recovery를 제공하는 것이다.

　식사 중에 아이가 물컵을 깨트렸을 때, 서비스 실수로 주스가 고객의 옷에 엎질러졌을 때 등 서비스 현장에서는 난감한 상황이 종종 발생한다. 물론 이런 일들이 발생하지 않게 하는 것이 최선이겠지만, 각각의 상황에 맞는 최선의 프로세스를 미리 상정하고 SOP (Standard Operating Procedure; 표준 운영절차)화하여 지속적으로 훈련해야 한다.

대부분의 상황은 SOP에 정해진 절차대로 수행하면 된다. 하지만 모든 상황을 SOP에 다 담을 수는 없다. 설사 SOP대로 잘 대응을 했다 하더라도 고객이 SOP대로 따라와 주라는 법은 없다. 호텔에서 정한 SOP절차에 동의하지 않고 다른 요구를 하는 경우도 있다. 이럴 땐 어떻게 해야 할까? 매니저를 찾으면 된다. 하지만 이는 차선책이다. 매니저가 오고 상황이 파악되고 판단할 때까지 고객의 소중한 시간이 지나가기 때문이다. 가장 좋은 방법은 처음 접한 서비스 스태프가 상황을 잘 마무리하고 고객의 불편한 마음을 해소해 주는 것이다. 이렇게 하기 위해서는 서비스 스태프의 마인드셋이 우수해야 하고, 고객 대응 시 Recovery를 위해 서비스 스태프의 재량으로 할 수 있는 범위를 최대한 부여하는 프로세스가 사전에 정의되어 있어야 한다.

전통적인 조직은 권한이 상부 경영층에 모여 있다. 고객 접점에서 벌어지는 상황이 대부분 정형화 되어있고, SOP화 되어있어 상황마다 다른 판단을 할 필요가 없는 경우에는 이런 시스템이 효율적이다. 하지만 최근에는 고객의 요구사항이 천차만별로 달라서 현장 고객 접점에서의 기민한 상황판단과 대응이 갈수록 중요해지고 있다. 이런 상황에서 모든 의사결정을 경영진에게 보고하고, 회의하고, 판단하고, 대응하다 보면 고객은 이미 화가 날 대로 나 있고, 호텔은 호텔대로 더 큰 비용을 감당해야할 수도 있다.

디지털 기술이 익숙한 세대들은 기다리는데 익숙하지 않다. 모든 걸 바로바로 답을 내 주기를 원한다. 호텔의 의사결정 프로세스가 전면적으로 바뀌어져야 한다. 고객 접점에 있는 서비스 스태프의 역량 수준을 올리고, 이들의 권한을 대폭 강화해야 고객의 마음을 계속 살수 있다.

고객을 응대하는 접점 스태프가 재량껏 판단하는 권한을 가지고 있어야
기민한 대응이 가능하고 고객을 지킬 수 있다

제52화 잘만 뽑으면 끝나나요?

호텔은 '피플' 비즈니스이다. 사람에 대한 이해와 관리가 가장 중요한 요소이다. 호텔 브랜딩 작업을 마치고 세부 프로세스 정의도 끝나면 프로세스 하나하나에 필요한 '피플' 요소를 정의해야 한다. 호텔의 전체 프로세스에 대한 '피플' 요소가 정의되면, 이들을 모아서 직무와 인원수를 정의한다. '피플' 요소를 정의하는 대표적인 문서는 직무 명세서와 직무기술서가 있다.

직무기술서는 해당 직무와 책임의 내용을 구체적으로 기술한 문서이고 직무 명세서는 직무의 내용과 직무수행에 필요한 자격요건을 정리한 문서이다. 프로세스 분석, 직무분석, 직무기술서 등의 과정을 거쳐 직무 명세서가 도출되면 해당 직무를 오픈하고 스태프를 채용한다.

좋은 인재를 채용하는 것은 사업의 성패를 좌우하는 핵심 프로세스이다. 한 글로벌 호텔 체인에서는 '탤런트는 가르칠 수 없다'는 모토 아래 스태프의 탤런트를 검증할 설문 툴을 개발하여 지원자 스크리닝에 활용하고 있다. 호텔 운영자는 호텔 브랜드 아이덴티티와 잘 어울리는 스태프를 채용하기 위한 체계적인 도구를 사전에 준비해 둬야 하는데, 이를 위해 전문회사의 도움을 받는 것이 좋다. 스태프를 한 명 뽑는 것이 호텔의 운명을 좌우한다고 생각하면 그 비용을 아끼면 안 된다.

좋은 인재를 채용했다. 하지만 아직 흰 도화지 상태이다. 어떤 색으로 무슨 그림을 그릴 것인가는 호텔의 교육훈련 프로그램에 달려있다. 아무리 좋은 그림 도구를 구했다(채용)하더라도 그림을 엉망으로 그리면 훌륭한 도구는 쓸모없게 된다. 교육훈련 프로그램과 운영 역시 전문가의 도움을 받는 것이 좋다.

이제 좋은 인재를 구해서 교육훈련까지 마쳤다. 모든 스태프들은 본인이 보유한 탤런트와 호텔에서 받은 브랜드와 서비스 교육훈련 등을 통해 모든 준비를 마쳤다. 이제 현장에 가서 고객들에게 준비된 서비스를 제공하면 된다. 현장에는 모든 스태프를 지도할 멘토가 1:1로 지정되어 있다. 이 멘토들은 현장에서 새로운 스태프들이 서비스할 때마다 지켜보고, 잘한 점과 수정해야 할 부분 등을 피드백해줄 것이다.

새로운 스태프들이 현장에서 일을 시작한 지 6개월이 지났다. 새로운 스태프들은 지난 6개월 동안 멘토와 매니저 미팅을 통해 해야 할 직무와 성과기준 및 현재 수준에 대해 주기적으로 피드백을 받아왔다. 이 평가들을 모아 반기(또는 분기) 성과 피드백 미팅을 매니저와 하고 그동안의 성과에 대해 피드백을 받고 다음 반기(또는 분기)에 이뤄야 할 성과기준 및 목표 수준에 대해 설정하는 시간을 갖는다. 매니저와의 성과 피드백 미팅을 거쳐 성과가 우수한 스태프는 그에 따른 인센티브 등 보상을 받게 된다.

　호텔 운영자는 선발, 교육, 평가, 보상 등 '피플 프로세스' 전반에 대해 충분히 이해하고, 각 단계별로 사전에 셋업 된 절차에 따라 적절한 프로세스를 진행해야 한다.

선발, 교육, 평가, 보상 등의 과정을 거쳐 호텔리어가 완성된다

제53화 Train, Train, Train

호텔은 성수기로 모든 객실이 다 찼고, 식당, 연회장 모두 만원이다. 스태프들도 고객 서비스에 정신이 없다. 게다가 수천 명이 들어오는 대형 연회 행사가 예정되어 있다. 고정 서비스 스태프로 이 행사를 치르기에는 역부족이다. 협력회사에 인력을 급히 구해서 행사를 진행하였다. 신규인력들의 서비스 실수가 많이 발생하여 행사 관계자로부터 큰 컴플레인을 받았다.

호텔은 수요의 가변성 때문에 인력도 가변적으로 운영하는 경우가 많다. 이럴 경우 고객 수요와 인력공급이 적절하게 매칭 되면서 호텔 수익성에 많은 도움이 된다. 하지만 문제는 서비스 품질 편차이다. 오랫동안 동일한 프로세스를 경험해 온 터라 안정적인 서비스를 할 수 있는 고정 스태프와는 달리 급하게 투입된 변동 스태프들은 호텔, 동선, 팀워크 등에 대한 경험이 없다 보니 서비스 실수가 많이 일어나게 되고, 이로 인해 중요한 고객을 놓치는 원인이 되기도 한다.

호텔 운영상 변동 인력의 투입은 매우 리스크가 크다. 따라서 가능하면 고정인력만으로 모든 서비스를 제공할 수 있다면 최상의 조건이 된다. 하지만 고객 서비스, 인력운영, 수익성 측면에서 부득이하게 변동 인력을 활용해야 하는 경우가 생긴다.

호텔 운영자는 변동 인력 투입에 대비한 사전 교육훈련 프로세스를 정비해 두어야 한다. 신규 인력들은 대부분 서비스 경험이 부족하고, 당신 호텔의 서비스 철학, 시설 동선, 기존 스태프들과의 팀워크 등에 대해 정보가 턱없이 부족하다. 따라서 변동 인력을 투입하기 전에 충분한 교육과 훈련을 거쳐 이 항목들에 대해 충분히 숙지할 시간을 가진 후 고객 서비스에 투입해야 한다.

교육훈련은 최소 40시간(5일*8시간)은 확보해야 한다. 이 시간 동안 호텔의 비전, 서비스 철학, 고객 이해, 용모, 태도, 용어, 현장 동선, 고정 스태프들과의 팀플레이 등 다양한 사전교육을 통해 호텔을 이해하고 서비스 마인드셋과 상황별 SOP(Standard Operating Procedure; 상황별 업무, 절차, 담당, 목표 등이 정의된 표준 운영절차) 등을 익힌다. 또한 고정 스태프와 변동 스태프를 멘토와 멘티로 한 팀으로 묶어 현장 상황에서 경험이 많은 스태프의 OJT(On the Job Training; 실무 현장에서 실무 경험자로부터 받는 실습훈련) 훈련을 받도록 한다. 이렇게 하면 현장에서 서비스 실수가 나오더라도 고정 스태프가 일차적으로 Recovery 할 수 있게 되어 문제가 커지는 것을 예방할 수 있다.

또한 고객과의 터치포인트는 고정인력이 담당하고, 변동 인력은 보조 업무를 맡게 하는 식으로 업무를 구분하고, 변동 인력은 'Trainee' 명찰을 부착하여 고객들이 알아볼 수 있도록 한다.

변동 인력을 주기적으로 공급하는 협력회사와의 계약을 통하여 안정적인 인력운영을 할 수도 있다. 하지만 이런 경우에도 서비스 품질에 대한 정의·평가·피드백 프로세스는 호텔에서 자체적으로 운영해야 한다.

좋은 호텔이라면 어떤 상황에서도 균일한 서비스 경험을 제공할 수 있어야 한다. 이를 위해 호텔 스태프들은 항상 Train, Train, Train 해야 한다.

제54화 함께 춤을 추어요

　미스터리 쇼퍼가 호텔의 품질을 평가한다. 객실 예약을 위해서 호텔 모바일 앱을 켠다. 인터넷 홈페이지를 열어본다. 호텔 예약팀에 직접 전화를 걸어본다. 공항에서 픽업 서비스를 받아본다. 픽업 서비스 차량 내 청결상태, 기사의 용모 등을 살핀다. 호텔 입구에서 도어 스태프의 태도를 본다. 로비의 인테리어, 조명, 아트웍, 음악 등 분위기를 느껴본다. 커피의 신선도, 음식의 식감, 풍미를 체크한다 등 수많은 포인트들을 점검하여 점수로 환산하여 피드백한다.

　고객의 호텔서비스 평가는 '기대 이상'이나, '기대 이하'인 부분에 초점이 맞춰진다. "룸 메이드 서비스는 환상적이었어!", "객실이 너무 더웠어!", "아침 식사가 먹을게 별로 없었어"하는 식이다. 수많은 포인트를 잘 준비하고 서비스를 잘해도 한 가지 치명적인 실수가 나오면 고객 평가는 '0'점이 되고 만다

고객 경험의 이런 특성 때문에 호텔은 원 팀 정신이 매우 중요하다. 규모가 큰 호텔은 한 호텔 안에 여러 부서가 있고, 각자 자신의 직무기술서에 의해 해야 할 일을 나누어 수행하고 있다. 객실 경험이 '도어-프런트-하우스키핑-룸서비스-시설' 팀이 제공하는 것이라면 이 다섯 개 부서는 고객 한 사람을 위한 원 팀으로 생각하고 움직여야 한다. 하지만 다섯 부서 모두 각자의 매니저가 있고, 각자 별도의 성과지표가 있기 때문에 고객이 불만을 얘기해도 "우린 문제없이 잘했어"라는 생각을 우선하기 쉽다. 모든 문제는 프로세스 간 부서 간 연결고리에서 생긴다. 호텔운영자 입장에서는 부서별로 조직을 구분하고 성과지표를 부여한 뒤 평가하는 것이 효율적이지만 고객 입장에서는 불편할 수 있다.

호텔 경영자는 객실, 식당, 연회, 피트니스, 시설 등 기능 중심으로 분리된 조직체계를 '예약-체크인-식사-힐링-체크아웃-이동'등의 고객 경험 프로세스 조직으로 변경하고 각 기능 조직별로 운영하던 성과지표를 고객 중심으로 재설정하여 운영함으로써 모든 조직이 '고객'이라는 One Goal을 향해 One Team으로 춤을 출 수 있도록 해야 한다.

디지털 트랜스포메이션

제55화 모바일 온리

호텔을 예약하기 위해 전화를 한다. 통화가 잘 안 된다. 몇 번의 시도 끝에 연결되면, 먼저 반갑지 않은 자동응답 기계음이 들린다. '산업안전보건법에 의해 통화가 녹음된다' 등 여러 가지 주의사항을 '사전 고지'한다. 뭔가 다짜고짜 죄인 취급이다. 본격적인 대화를 시작하기도 전에 슬슬 짜증이 일어난다. 전화는 불편한 서비스이다. 연결이 잘 안 되고, 여러 가지 불편한 '사전 고지'를 받아야 하고, 내가 원하는 내용을 상담원에게 설명해야 한다. 혹시라도 통화 중간에 다른 담당자를 바꿔주면 같은 내용을 다시 설명해야 한다. 많은 시간과 에너지가 소모된다.

모든 라이프스타일이 모바일로 다 해결되는 세상이다. 영화, 식당, 헤어숍, 호텔, 여행, 옷, 신발 등 거의 모든 라이프스타일을 모바일로 언제 어디서나 빠르게 예약, 주문, 배달, 결제, 취소, 평가할 수 있다. 모바일을 통한 거래는 내가 필요한 걸 얻기 위해 전화하고, 기다리고, 설명하고, 참을 필요가 없다. 조용히 앱에 들어가서 내가 필요한 서비스를 몇 번의 클릭으로 해결할 수 있다. 몇 번 거래가 이루어지면 사용자의 소비패턴을 읽어 자동 알고리즘으로 필요한 서비스를 추천해 준다. 모바일이 모든 걸 해결해주는 이른바 '모바일 온리' 세상이다.

이렇게 편리한데 누가 전화를 하겠는가? 앱으로 시도해 보고 앱에서 해결이 안 되는 문제가 있을 때 전화연결을 시도한다. 그런데 기다림, 사전고지, 설명 등의 불편함이 뒤 따른다. 따라서 상담원과 전화연결이 되었을 때는 이미 상당히 불편함을 겪고 난 뒤일 가능성이 크다. 앱을 이용하다가 전화로 연결된 고객은 '이탈 위험'이 있는 고객인 것이다.

'고객 경험 동선'의 개념에서 보면 '앱 사용 → 여러 번의 클릭 → 전화 연결 → 자동응답 → 거래 종료'등의 전체 동선을 '경험'이라고 놓고 디자인하고 품질 수준을 정하고 관리해야 한다. 앱을 사용할 때는 어느 페이지, 어떤 탭을 많이 클릭하는지, 어디에서 로딩 시간이 막히는지, 어디에서 거래가 중단되고 로그아웃 하는지 등을 데이터로 파악하고, 전화 서비스도 수신율, 총 통화시간, 요청 내용, 응답 리드타임 등의 품질기준을 정해 놓고 현재 상황을 파악하고 있어야 한다.

호텔 운영자는 '모바일 온리' 흐름에 맞춰 호텔에서 제공하는 모든 서비스와 상품이 모바일 앱에서 거래될 수 있는 환경을 구축하고, SNS 등 모바일 마케팅 채널과 연결하여 노출도를 높여야 한다. 또한 모바일 앱을 하나의 '호텔 프라퍼티'라고 생각하고 그 안에서 일어나는 고객들의 이용행태를 수집하고 분석하여 부족한 부분을 발 빠르게 업데이트해 줌으로써 모바일 프라퍼티로의 고객 유입을 늘릴 수 있고, 이는 오프라인 프라퍼티 상품과 서비스의 이용으로 고객을 끌어들이는 효과가 있을 것이다.

모바일 온리, 호텔의 모든 서비스는 모바일과 연결되어 있어야 한다

제56화 로봇이 서비스하는 호텔

    출장을 떠난다. 항공, 호텔, 교통편은 모두 모바일 앱으로 예약한다. 현지 공항에 도착하여 미리 예약된 차량에 오른다. 호텔로 이동 중에 모바일 앱을 통해 호텔 체크인을 마치니 모바일 키를 준다. 호텔에 도착한 후 프런트를 거치지 않고 모바일 키를 이용하여 객실에 바로 들어간다. 모바일 앱으로 룸서비스를 주문하고 샤워를 마치고 나니 문 앞에 서비스 로봇이 음식을 배달해 준다. 일을 마치고 모바일 체크아웃을 한 뒤 귀국길에 오른다.

    인터넷, 모바일 폰, 앱, 로봇, 드론, AI, 메타버스 등 디지털 기술이 모든 산업에 속속 적용되고 있다. 기술의 발전 속도가 어지러울 정도이다. 호텔 산업에도 디지털 기술이 적용되면서 많은 변화가 일어나고 있다. 예약 채널은 Expedia.com, Booking.com,

Trip.com 같은 글로벌 OTA(Online Travel Agency; 온라인 여행사)들이 장악하고 있다. 이미 중소형 호텔들은 예약의 많은 부분을 OTA에 의존하고 있고, 그 대가로 상당한 예약 수수료를 내고 있다. 이에 대형 체인호텔과 고급 브랜드 호텔들은 독자적인 예약 플랫폼으로 대응하고 있다.

예약 채널을 갖는다는 것은 '고객'을 갖는다는 것이고, 이는 '고객의 U&A'을 확보하게 된다는 뜻이고, 이를 통해 추가·부가상품 '추천'이 가능 해진다는 의미를 갖고 있다. 이미 온라인 채널은 고객과의 첫 번째 연결 통로이자 고객 경험을 이해하는 획기적인 수단이 되었다. 예약 채널은 고객의 이용경험 데이터를 확보하는 가장 강력한 수단이고, 관련 플레이어들은 이 데이터의 확보를 위해 대형 M&A와 기술 확보 투자 전쟁을 하고 있다.

사람 중심의 호텔 서비스는 이미 기술과 사람이 공존하는 서비스 시대로 넘어가고 있다. 모든 프로세스를 기술이 전담하는 무인 호텔 서비스도 출시된 지 오래다. 태어날 때부터 모바일 기기를 손에 쥐었던 디지털 세대가 소비를 주도하는 세대가 되었다. 이들은 '디지털 컨택'을 선호한다. 모든 것이 모바일 앱으로 통해 다 해결할 수 있다. 이들에게 '휴먼 컨택'은 시간이 소요되고, 이해시켜야 하는 '비효율적인' 서비스이다. 전화서비스와 은행

창구서비스가 대표적인 예이다. 호텔도 전화예약, 대면 세일즈, 프런트, 룸서비스 등의 서비스는 점점 줄어들고 있다.

디지털 시대에 호텔의 서비스는 어떤 모습이어야 할까? 디지털 기술의 도입은 '사람' 서비스를 상당 부분 대체하고 있다. 하지만 많은 고객들이 여전히 '사람 냄새가 나는' 서비스를 원하고 있다.

반복적이고 기계적인 서비스는 디지털 기술이 대신하여 비용을 효율화하고, 서비스 스태프들은 고객에게 더 집중하여 니즈를 예측하고 미리 챙겨주는 '휴먼 터치' 서비스에 집중한다.

이렇게 되면 고객 입장에서는 효율적이면서 따뜻한 감동 경험이 될 것이고, 호텔 경영자 입장에서는 디지털 기술을 통해서 고객 니즈를 세밀하게 파악할 수 있고, 서비스 품질을 유지하기 쉽고, 비용 효율도 높일 수 있게 된다.

제57화 디지털 트랜스포메이션

애벌레가 나뭇잎 뒷면에 매달려 있다. 나뭇잎을 옷 삼아 먹이 삼아 나뭇가지 하나의 공간에서 잎을 옮겨 다니며 지낸다. 시간이 지나면, 이 애벌레는 껍질을 벗고 날개를 펴고 화려한 나비로 변신해 그동안 머물러왔던 나뭇잎, 나뭇가지를 떠나 꽃을 찾아 이곳저곳을 날아다니며 맛있는 꿀을 맛본다.

'트랜스포메이션'이란 애벌레가 나비로 '변태'하는 정도로 모든 생태가 대 변환하는 것을 의미한다. 디지털 기술의 확산으로 호텔산업에서도 디지털 트랜스포메이션에 적응하기 위해 고심하고 있다. 인터넷 홈페이지를 만들고, 브랜드 모바일 앱을 만들고, 글로벌 OTA 플랫폼에 상품을 올리고, 디지털 마케팅 조직을 만드는 등의 많은 비용과 시간을 들이고 있다.

호텔들이 디지털 기술에 연결되기 위해 힘을 쏟는 이유는 바로

'고객'이 디지털 마켓에 가서 상품을 구매하고 있기 때문이다. 어렸을 때부터 디지털 기술에 익숙한 '디지털 원주민' 세대인 20~40세대가 이미 라이프스타일 산업 소비의 핵심 주체가 되었고, 이들은 모든 상품을 디지털 마켓을 통해서 거래한다. 일상용품, 먹거리, 식사, 여행, 금융, 중고거래, 부동산, 중고차, 자전거, 기차 등 디지털 마켓에 가면 모든 게 언제 어디서나 짧은 시간 안에 해결된다. 이들에게 전화하고, 창구에 찾아가고 해야 하는 불편한 상품은 기피대상이다.

디지털 기술, 디지털 원주민, 그리고 디지털 마켓에 잘 스며들기 위해 호텔산업에도 '디지털 트랜스포메이션'은 필수가 되었다. 디지털 트랜스포메이션에도 발전 단계가 있다. 첫 단계는 외부에 발주를 주어 홈페이지, 모바일 앱 등 관련 인프라를 만들고 내부에 담당자를 두어 운영한다. 디지털 마켓에 가게는 열었으나 상품 업데이트, 가격 흥정 등이 원활하지 않아 장사가 잘 되지는 않는다. 두 번째 단계는 내부에 디지털 조직을 별도로 만들어 운영한다. 디지털 가게에 상품을 업데이트하고 흥정도 하기 시작한다. 하지만 고객과 경쟁가게들의 변화에 빠르게 대응하지는 못한다. 세 번째는 홈페이지, 모바일 앱 등 디지털 인프라를 직접 개발하는 내부 개발 조직을 만든다. 고객과 경쟁환경에 맞춰 가게나 상품을 다양하게 자주 바꾼다. 마지막으로 경영진부터 전 부서에 이르기까지 디지털 기술에 대해서 이해하고, 매일 관련 인프라를 관리하고, 정보를 업데이트함으로써 고객들과 디지털 마켓에서의 소통이 활발해진다.

실시간으로 모든 고객과 소통하며, 고객 U&A를 파악하고, 적시에 맞춤 상품을 추천하여 구매전환율을 높인다.

고객이 오프라인 마켓에서 디지털 마켓으로 옮겨가고 있다. 새로운 마켓에서 새로운 고객들에게 새로운 상품을 제공할 수 있어야 한다. 디지털 트랜스포메이션은 일부 전문가가 부분적으로 실행하는 것이 아니고, 조직 전체가 과거의 껍질을 벗고 각자 새로운 날개를 달고 새로운 마켓, 고객, 상품을 향해 날아가야 한다는 걸 의미한다.

애벌레에서 나비로. 디지털 트랜스포메이션은 생태환경의 모든 것이 바뀌는 것이다

제58화 코로나와 호텔산업

코로나 19가 발생한 지 벌써 수년이 지나고 있다. 세계 각국은 전염병 확산 차단에 부심하고 있다. 백신을 공급하고, 공항의 문을 닫고, 해외여행을 중단하고, 식당을 폐쇄하고, 모임을 막는 등 과거 경험해 보지 못한 초유의 상황들이 벌어지고 있다. 전염병 확산을 막기 위해 사람의 이동을 줄이는 이러한 조치들은 여행, 항공, 호텔업계에 막대한 피해를 주고 있다. 해외 여행객의 입국 금지 또는 제한 조치와 모임 금지로 인한 호텔업의 피해는 심각하다.

더 큰 문제는 이런 상황이 계속 이어지고 있고, 코로나의 변이로 인해 향후 얼마나 더 지속될지 모른다는 점이다. 과거 사스, 조류독감, 구제역과 같이 짧은 기간, 제한된 범위 내에서의 통제만 잘 견디면 원래대로 돌아왔던 경우와 달리, 이번 코로나 사태는 오랜 기간 여행, 항공, 호텔 등과 관련된 라이프스타일의 변화를 강제적으로 요구하고 있어서 '새로운 습관'으로 굳어질 가능성이 크다. 이미 라이프스타일의 변화는 곳곳에서 감지되고 있다. 배달 앱을 통한 식사, 소규모 가족 중심의 리조트나 골프장 등은 코로나 상황에서 오히려 최고의 호황을 누리고 있다. 학교, 기업교육, 미팅 등은 화상으로 모두 대체되었고 재택근무도 잠시 대책을 넘어 새로운 효율적인 기업문화로 자리 잡아가고 있다. 또 한 가지 생각해야 할 포인트는 라이프스타일의 '하방경직성' 이다. 한 번 경험한 그리고 익숙해진 라이프스타일은 포기할 수 없는 니즈가 된다. 매년 다니던 여행을 몇 년 참을 수는 있겠지만 영원히 포기하지는 못할 것이다. 수년간의 강제적인 욕구 절제로 여행, 항공, 호텔업에 대한 잠재 니즈는 폭발 직전에 와 있다. 마치 안에서 부글부글 끓고 있는 휴화산과 같다.

여행산업과 관련된 라이프스타일의 두 가지 경향 즉, '새로운 습관화'와 '하방경직성'은 호텔 경영자들에게 과거와는 다른 창의적인 접근을 요구하고 있다. 고객들은 여러 규제에 눌려 자유롭게 여행을 하지 못하는 갑갑함에 이런 욕구를 대체할 또 다른 상품을 찾아 나서고 있다. 호텔 경영자는 단기적으로는 고객 라이프스타일의 '새로운 습관화'에 빠르게 적응해야만 한다. 원점에서 비전과 핵심 고객을 다시 정의해보고, 모든 부문에 적극적으로 디지털 기술을 도입하고, 모든 상품을 디지털 플랫폼에서 판매하고, 상품의 구성을 디지털 상품으로 변환해야 한다. 또한 장기적으로는 잠재되어 있는 욕구를 채워줄 수 있는 혁신상품을 디지털 플랫폼을 통해 제공함으로써 고객의 두 가지 새로운 경향에 적극적으로 대응하여 위기를 기회로 바꾸는 발상의 전환이 필요한 때이다.

제59화 고객, 플랫폼, 상품

백화점에 가 보자. 많은 브랜드의 상품이 진열되어 있다. 상품을 사기 위해 고객들이 들어온다. 더 많은 고객을 유치하기 위해 고객들이 찾고 있는 상품을 찾아서 입점시킨다. 백화점은 고객과 브랜드를 연결해주는 플랫폼 역할을 하고 있다. 따라서 백화점의 핵심 경쟁력은 고객이 원하는 상품을 찾아내어 진열해 놓는 머천다이징(Merchandising; MD)이다.

디지털 경제가 시작된 이래로 플랫폼은 모바일 플랫폼으로 급속히 옮겨가고 있다. 모바일 앱을 다운로드해서 클릭 몇 번만 하면 원하는 상품을 빠르고, 싸게, 편하게 구입할 수 있다. 물건을 사기 위해 시간을 내어, 옷을 챙겨 입고, 차를 타고 오프라인 가게로 갈 필요가 없다. 이런 여파로 오프라인 점포를 중심으로 하는 백화점, 대형마트 사업은 도전을 받고 있고 디지털 경제로의 전환을 서두르고 있다.

호텔은 '경험'을 파는 사업이다. 이 경험을 사기 위해선 시간을 내어, 옷을 챙겨 입고, 차를 타고 호텔에 가서 잠을 자고, 여유로운 시간을 보내며, 밥을 먹어봐야 한다. 호텔은 오프라인 베이스의 사업이다. 따라서 호텔 경영자들은 디지털 전환에 대한 위협을 크게 느끼지 못할 수 있다.

하지만 호텔업도 디지털 경제에 편입된 지 오래되었다. 예약 과정을 생각해 보자. 이제 오프라인으로 호텔에 전화해서 예약하는 비중이 현저히 줄었다. 모두 앱을 통해서 클릭으로 해결한다. 언제 어디서나 몇 초 만에 해결이 되고, 여러 앱을 통해서 비교해보고 구매에 필요한 모든 정보를 앱에서 다 구할 수 있기 때문에 정보의 비대칭성도 없어졌다.

Booking.com, Expedia.com, Trip.com 등 글로벌 온라인 여행사들은 이미 호텔 상품의 모바일 플랫폼 시장을 장악하고 있다. 글로벌 대형 체인호텔들은 독자적인 모바일 플랫폼을 만들고 마일리지 등의 혜택을 활용하여 대응하고 있지만, 중소형 호텔들은 글로벌 온라인 여행사의 예약망에 점점 자신들의 자리를 빼앗기고 있다. 아마존과 쿠팡이 모바일 플랫폼 시장을 장악하면서 상품 제조사들에게 가격할인 등 본인들에게 유리한 구매조건을 요구하고 있듯이, 호텔 시장도 글로벌 온라인 여행사들이 모바일 플랫폼을 장악하고 본인들에게 유리한 가격 조건을 요구하고 있다. 모바일 플랫폼의 확장으로 유통이 제조와 서비스를 장악하고 있는 것이다.

　플랫폼이 아무리 좋아도 고객과 상품이 없으면 의미가 없다. 만일 특정 호텔이 다른 호텔과는 다른 '탁월한 고객 경험 상품'을 제공하는 곳으로 이름이 나 있다면, 이미 좋은 상품과 많은 고객을 보유하고 있기 때문에 디지털 기술의 도입을 통해 더 많은 고객에게 다양한 상품을 쉽고 빠르게 제공할 수 있을 것이다.

고객, 플랫폼, 상품 세 가지가 충족되어야 비즈니스가 완성된다

제60화 프러덕트 매니져

  실리콘 밸리 IT업계에서 잘 나가는 직무 중에 '프러덕트 매니저(Product Manager)'라는 게 있다. 고객의 니즈와 시장의 흐름을 파악한 후 고객들의 Pain points를 해결할 솔루션을 기획하고, 엔지니어, UI/UX 디자이너 등 개발 조직을 구성하고, 개발과정을 리드하고, 시장에 출시하고, 수정 보완하여 재 출시하는 등 프러덕트 기획, 개발, 출시 등 전 과정을 리드하는 일종의 'Product CEO'이다.

  프러덕트 매니저는 상품에 관련된 모든 밸류체인을 다 맡다 보니 기술, 의사소통, 리더십 등 상당한 역량이 필요한 핵심직무이다. 이 직무를 수행하다가 새로운 회사를 창업하는 사례도 많다. 매일 새로운 솔루션이 출시되고 업데이트되는 IT업계에서 환경에 유연하게 대응하기 위해서는 좋은 역량을 가진 프러덕트 매니저가 많이 필요하다.

  IT 업계에 프러덕트 매니저가 있다면, 유통업계에는 MD

(Merchandiser)가 있다. 예로 대형 마트 MD는 시장 흐름과 고객 니즈를 파악한 후, 1년 전부터 다음 해 추석 상품을 기획하여, 산지조사, 선 구매, 진열 판매, 실적보고 등 추석 상품이라는 '프러덕트'의 기획, 구입, 판매, 피드백 등 전 과정을 책임지고 수행하는 핵심직무이다. MD의 기획력에 따라 전체 매출의 규모가 달라진다. 좋은 MD는 고객이 원하는 상품을 가장 저렴하게 구매하여 적시에 고객의 손에 쥐어 줌으로써 고객 만족과 수익 창출이라는 두 마리 토끼를 잡는다.

호텔은 객실, 식당, 연회, 피트니스, 구매, 조리 등 기능 단위별로 많은 부서들이 일을 나눠서 하고 있어서 수직적인 업무처리에 익숙한 조직이다. 이런 방식은 각 기능 단위의 수직구조에서는 효율적으로 업무를 수행할 수 있는 장점이 있으나, 고객은 모든 부서를 수평적으로 관통하고 있어 부서 간 연결고리에서 많은 문제점을 노출할 수 있다. 호텔에 들어온 고객은 객실에서 쉬다가, 식당에서 식사하고, 연회행사에 참석하고, 피트니스에서 운동하는 등 호텔의 모든 FOH(Front Of House; 고객 서비스 구역)를 이용한다.

여기서 시각의 차이가 발생할 수 있다. 호텔 운영자는 객실, 식당, 시설 등 수직적인 기능 중심으로 구분해서 업무를 지시하고 파악하는데 반해, 고객은 잠을 자고 밥을 먹고 운동하는 수평 중심으로 서비스를 이용한다. 따라서 수직 기능 중에 약한 고리가 생기면 고객불편으로 이어진다. 호텔 상품과 서비스에 '프러덕트 매니저' 직무 개념을 도입하여 '고객 매니저'와 '상품 매니저'를 도입하면 '기능 중심'에서 '고객중심'으로 '수직 중심'에서 '수평 중심'으로 호텔의 문화가 바뀌게 된다.

스태프 미팅을 할 때, 한 고객의 시작과 끝을 책임지는 '고객 매니저'가 고객의 서비스 동선에 따라 준비할 내용을 피드백하고, '상품 매니저'가 새로운 상품 기획, 출시 계획, 고객 반응 등을 공유한다. 스태프 미팅에서 다뤄지는 주제가 '각 부서에서 이런 일을 하고 있다'에서 '고객과 상품이 이렇게 움직이고 있다'로 바뀌면 고객중심, 상품 중심 문화가 빨리 자리잡을 수 있다.

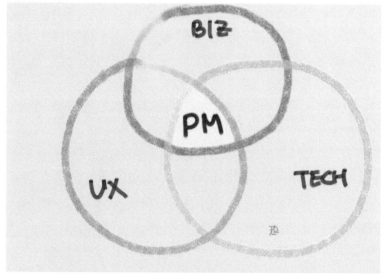

프로덕트 매니저. 고객, 사업, 기술적인 측면을 모두 조율하는 '상품 CEO'이다

사고는 반드시 일어난다

제61화 호텔 수영장 즐기기

호텔 수영장은 여러 카테고리의 고객들이 이용하는 공간이다. 객실에 투숙 중인 비즈니스 출장자가 아침 운동을 위해, 가족들과 휴가를 즐기기 위해, 또는 친구들끼리 즐거운 추억을 만들기 위해 가기도 한다. 고객의 니즈에 따라 수영장의 이용행태(U&A; Usage & Attitude)도 다르다. 비즈니스 출장자는 이른 아침 시간에 30분~1시간 정도 운동만 하고 객실로 복귀하며, 가족이나 친구 고객들은 해가 드는 야외수영장에서 수영도 하고, 놀이도 하고, 선탠베드에서 일광욕도 하고, 간식도 먹는 등 느긋한 시간을 즐긴다.

시간대에 따라 여러 고객들이 이용하는 수영장은 안전을 가장 우선적으로 고려해서 운영하여야 한다. 안전을 위해 여러 가지 법적 제한 조치들을 지켜야 함은 물론이고, 안전사고 '0'가 확보될 수 있도록 제반 사항을 사전에 잘 준비해 두어야 한다. 무엇보다 고객이 물에 빠지는 경우에 대비해야 한다. 수영장을 이용한다고 해서 모두 수영을 잘 하진 않는다. 수영을 잘하는 사람조차도 쥐가 나거나 심장마비 등 사고로 이어질 수 있기 때문이다.

수영장 문이 열려 있는 순간에는 반드시 라이프 가드가 최소 2인 1조로 현장에 상주해야 한다. 한 명은 전망대에서 수영장 전체 상황을 지켜보고, 다른 한 명은 수영장 수조 주위를 돌면서 수영장 내부 상황을 지켜봐야 한다. (사람이 수조 안에 가라앉아 있을 수도 있다!) 라이프가드는 인명구조 자격을 획득한 사람이어야 하고 적절한 복장과 레스큐 튜브, 구급약, 휘슬 등 구명 구조 장비를 갖추어야 한다. 특히 어린아이들의 경우 보호자가 잠깐 한눈을 판 사이 물에 빠지는 경우도 있으니, 반드시 구명조끼를 착용한 후에 어린이 풀에서만 이용할 수 있도록 해야 한다. 물에 빠진 고객을 발견했을 경우에는 먼저 최단 시간 내에 물 밖으로 건져 올려내는 것이 중요하다. 따라서 라이프 가드의 집중력이 가장 중요하다. 라이프가드가 근무 중에는 고객이더라도 대화를 하면 안 된다. 라이프가드는 기계적으로 수영장 내부에 물에 빠진 사람이 없는지 관찰하는 데만 온 정신을 집중해야 한다.

호텔 운영자는 이런 점을 인지하고 라이프 가드 근무 수칙, 스케줄 관리 등에 신경 써야 한다. 특히 라이프 가드를 단기 아르바이트 등으로 채용하는 경우는 근무 안정성이 떨어져 근무 중간에 결원 사태가 발생할 수 있고, 이런 경우가 수영장 안전이 가장 취약해지는 때이니만큼 비용이 추가되더라도 근무 안정성이 유지될 수 있도록 계약기간, 근무조건 등을 고려해야 한다.

쾌적한 수영장을 위해 수질관리 또한 필수 요소이다. 많은 사람이 이용하는 물이니 자칫 수질에 문제가 생기면 고객의 건강을 해칠 수 있다. 법적으로 정의된 수질관리기준을 지켜야 함은 물론이고, 원천적인 실수 방지를 위해 기계실에 적정 수질을 상시 자동으로 유지 및 모니터링해주는 필터링, 분배 및 점검 시스템을 운영해야 한다. 수질관리를 위해 염소성분을 사용하게 되는데, 소금으로 이를 대체하게 되면 냄새가 없어 훨씬 이용하기가 좋지만 수증기에 있는 염분이 시설물을 빨리 부식시켜 운영자 입장에선 관리하기가 힘들어진다. 따라서 소금을 이용한 실내 해수풀의 경우에는 공기의 환기량을 늘려 수증기가 실내에 머무는 시간을 줄여주면, 공기도 쾌적해지고 시설관리도 쉬워진다. 호텔 운영자는 수영장에 온 고객들에게 '안전하고 쾌적한' 상품을 필수적으로 제공해야 한다.

'안전하고 쾌적'한 수영장 상품은 라이프가드와 수질관리 프로세스로 확보할 수 있다.

제62화 가장 위험한 사고, 화재

호텔 운영자가 가장 신경 써야 하는 것은 '안전'이다. 이 중에서도 '화재'가 최우선 고려사항이다. 화재가 발생하면 심각한 인명피해가 발생할 수 있다. 밀폐된 공간에서는 화재 연기 몇 번만 흡입해도 치명적이다. 호텔은 많은 사람들이 객실이나 식당, 연회장, 피트니스, 주방, 사무실 등 많은 공간에 분산되어 있어 언제 어디서 어떤 화재사고가 발생할지 모른다. 많은 사람들이 머무르고 있는 객실은 독립적인 공간이라 완전히 분리되어 있다. 호텔 구석구석 전기가 흐르고 있고, 냉수배관 온수 배관을 통해 냉온수가 수만 km가 흐르고 있다. 주방에서는 음식을 준비하기 위해 수십개 화구에서 불을 사용하고 있다.

또한 호텔은 1년 내내 이곳저곳 부분 보수공사를 한다. 이 모든 것이 화재위험과 연결되어 있다. 보수 공사 중 발생하는 용접 불꽃,

피트니스 사우나 안 보일러, 주방 화구 위 덕트 안 기름때, 객실 내 흡연, 전기 누전 등 수많은 위험요소가 있다. 공사현장은 특히 각별한 주의를 기울여야 한다. 보수나 개선을 위한 용접 작업 시에는 안전 수칙을 철저하게 지켜서 진행해야 한다. 화기작업허가서 비치, 소화기 비치, 소방용 물 비치, 불티 확산 방지용 부직포 바닥에 깔기, 불티 감시 전담인력 배치 등이 이에 해당된다.

  화재사고는 예방이 중요하다. 예방을 위해서 모니터링 · 경보, 자동구역 차단 · 소화, 대피훈련 등을 준비해야 한다. 모니터링 · 경보 시스템은 화재위험요소를 정의하고 이런 위험요소들을 항상 감시하고 이상 상황 발생 시 자동으로 알려주는 경보시스템을 말한다. 이를 위해 모든 구역에 디지털 열 · 연기 감지기를 설치하고 중앙통제실에서 이상신호를 실시간으로 모니터링할 수 있어야 한다. 자동 구역 차단 · 소화장치는 화재 발생 시 자동으로 차단 셔터가 내려오고 스프링 쿨러가 작동하여 1차 진화 및 확산 차단을 실시한다. 대피훈련은 화재 상황을 가정하고 고객과 직원, 그리고 인근 소방서와 합동으로 대피하는 훈련을 통해 절차를 익힘으로써 실전 시 당황하지 않고 프로페셔널한 대응이 가능하도록 대비한다.

  화재사고 예방 절차 중에서는 자동 모니터링 · 알람 시스템이 가장 중요하다. 화재 발생 징후가 있을 때 빠르게 감지하여 경보하는 자동 모니터링·알람 시스템은 큰 사고로의 확산을 막는 핵심 장치이다. 호텔 운영자는 자동 모니터링·알람 시스템이 잘 가동될 수 있도록 열·연기 감지기, 이상 발생 시 자동 알람, 중앙 감시반 자동 통제 시스템 등을 정기적으로 점검해주어야 한다.

화재사고는 감지, 경보, 대피, 신고, 소화 등이 자동화되면 피해를 최소화할 수 있다

제63화 맛보다 위생이 먼저다

주말에 가족들과 이름난 동네 맛집에 갔다. 주차하고 나오는데 바로 옆에 주방 창고가 있다. 문이 열려 있다. 식자재와 쓰레기들이 어지럽게 널려 있다. 그 앞에서는 지저분한 주방복을 입은 사람이 쭈그리고 앉아서 담배를 피우고 있다. 손을 씻으러 화장실에 갔다. 바닥에는 물이 흥건하고 휴지통에는 언제 치웠는지 휴지가 넘친다. 이런 식당은 반드시 식품위생 위험이 도사리고 있다.

호텔에서는 매일 많은 고객들에게 여러 공간에서 많은 음식을 제공한다. 사람들과 맛있고 즐거운 식사를 나눴는데 배앓이로 고생을 하게 된다면 그동안 호텔에서의 모든 좋았던 기억은 사라지고 꿀꿀한 경험만 남게 될 것이다. 호텔에서 음식을 즐기는 시간이 맛있고 즐거운 추억으로 남기 위해서는 가장 먼저 준비해야 할 것이 '위생' 프로세스이다.

고급 호텔 식당에 앉아 호주산 안심 스테이크를 먹고 있다. 이 안심 스테이크가 입에 들어가기 전까지 어떤 과정을 거치는 걸까? 호주에서 곡물로 키운 소를 도축한 후 냉동 스테이크를 만들고, 배로 수입하고, 호텔로 운반하고, 주방 냉동고에 넣고, 조리사가 해동하고, 굽고, 따로 만들어 보관해 두었던 소스와 가니쉬(Garnish; 고명)를 곁들여 내어 놓는다. 소스는 또 어떤가? 스테이크 소스를 만들기 위해서는 메인주방에서 야채, 고기, 뼈, 허브 등 많은 재료를 섞어 긴 시간 끓여 스톡(육수)을 만들어 냉동 보관한 뒤 해동하여 소스를 만든다. 이와 같이 안심 스테이크 한 접시가 식탁에 오르기까지는 수개월간 수많은 사람들과 많은 과정들을 거쳐야만 한다.

시간, 사람, 장비 들은 모두 위생에 문제를 일으킬 수 있는 위험 요소들이다. 이를 체계적으로 관리하지 못하면 호텔은 좋은 위생품질을 지켜내지 못한다. 식품위생을 가장 체계적으로 관리할 수 있는 방법은 HACCP 인증이다. HACCP는 식품 안전관리 인증기준으로 위해 요소 분석(Hazard Analysis)과 중요 관리점 (Critical Control Point)의 영문약자로 발생 가능한 위해요소를 미리 예측하고 중점 관리하는 사전예방적 식품안전관리 체계를 말한다. 호텔은 물론이고 협력회사들도 HACCP 인증을 전제 조건으로 두면 안전한 공급체인을 유지할 수 있다.

HACCP 인증을 받는 것은 기본 사항이고, 해당 프로세스 품질이 누가 하더라도, 어디서나, 항상 유지될 수 있도록 관리하는 것이 관건이다. '안전한 안심 스테이크'를 제공하기 위해서는 안전한 공급체인이 유지되어야 하는데, 모든 것은 항상 변한다는 사실을 유념해야 한다. 호주육이 미주육으로 또는 한우로 바뀔 수 있고, 항만의 물류대란으로 예상시간보다 체류기간이 길어질 수도 있고, 냉동차가 고장 날 수도 있고, 호텔의 조리사가 바뀔 수도 있다. 호텔 운영자는 공급망 전체 프로세스 관점에서 '안심 스테이크 위생'을 지키기 위한 체크리스트와 프로세스 품질 파악체계를 준비해야 한다.

맛보다 위생. 안전한 식품을 위해서는 전체 공급망 프로세스의 품질관리가 필요하다

제64화 호텔은 안전해요?

    호텔은 안전한 곳인가? 호텔에는 어떤 위험이 도사리고 있을까? 위험 즉, 리스크는 재무·법무·인사 등 범위가 넓은데 이 중 호텔 시설운영에 관련된 것으로 범위를 줄여서 얘기해보자.

    호텔 시설운영과 관련된 리스크는 지진, 태풍, 호우, 폭설, 가뭄, 전염병, 화재, 폭발, 정전, 교통사고, 온도, 냄새, 소음, 해충, 넘어짐, 누수, 조명기구, 방송·통신, 엘리베이터, 도난, 동파, 스태프 상해, 고객 상해 등 그 종류가 매우 다양하다. 호텔은 수백에서 수천 명의 고객과 스태프가 24시간 이용하고 근무하는 '다중이용시설'이다. 많은 사람들이 여러 장소에서 시설을 이용하고, 곳곳에서 시설을 보완하고, 물품을 운반한다. 크고 작은 사고가 발생할 개연성이 높다.

    호텔은 고객 경험을 파는 곳이고, 고객 경험은 '안청쾌맛멋친' (안전, 청결, 쾌적, 맛, 멋, 친절) 통해 제공하며, 이 중 가장 기초가 되는 것이 '안전'이다. '안전'이 담보되지 않는다면 다른 서비스는 모두 물거품이 된다. 많은 유형의 리스크가 여러 곳에 분산되어 발생 가능성이 높은 리스크를 어떻게 하면 체계적으로 관리할 수 있을까?

호텔 운영자는 프라퍼티의 잠재위험을 잘 이해하고 있어야 하며, 리스크 관리 핵심지표를 손에 넣고 보고 있어야 한다. 호텔에서 발생할 수 있는 잠재위험을 평가하기 위해 스태프들과 함께 워크숍을 통해 각 영업현장에서 진행하고 있는 업무 프로세스를 적어본 뒤, 각 프로세스별로 발생할 수 있는 리스크를 브레인스토밍 방식으로 도출한다. 도출된 리스크별로 심각도, 발생빈도, 검출도를 각각 평가한 후, 세 항목을 곱해서 리스크 우선순위 점수(Risk Priority Number; RPN)를 계산한다.

예를 들어, 주방의 배수관 막힘으로 인한 누수 리스크가 도출되었고, 리스크 평가 결과가 심각도 5(1~10 사이로 평가한다), 발생빈도 2, 검출도 1(리스크 발견이 쉬우면 1점)이 나왔다면, 주방 배수관 누수 리스크는 RPN점수가 10점(심각도 5 × 발생빈도 2 × 검출도 1)이 된다. 이런 방식으로 호텔 전체의 리스크 종류와 리스크 점수인 RPN을 구하고 나면, 호텔 운영자는 총 RPN점수를 알게 되고, 이 총 RPN을 줄이기 위한 개선계획을 세우고, 하나씩 실행하고 주간단위 또는 월 단위로 총 RPN점수가 계획대로 줄어들고 있는지를 확인하면 된다. 또한 개선계획을 세울 때는 RPN 점수가 높은 것부터 우선적으로 개선이 될 수 있도록 자원을 배정하도록 한다.

  호텔의 모든 스태프들과 함께 각 부문별로 리스크를 평가한 후 공유하고, RPN관리를 통해 주기적으로 리스크를 줄여가는 프로세스를 유지하면, 많고 복잡해 보이는 리스크도 핵심 성과지표 (KPI; Key Performance Index) 대시보드 안에서 관리상황을 항상 확인할 수 있게 되어 안정적인 호텔 운영이 가능해진다.

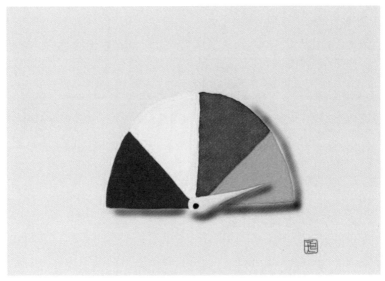

리스크 우선순위 점수로 체계적인 리스크 관리가 가능하다

제65화 사고는 반드시 일어난다

　객실 안에서 담배로 화재가 발생하였다. 수영장에서 아이가 뛰다가 미끄러져 무릎에 찰과상이 났다. 수영장에서 수영하던 고객이 갑자기 호흡 이상이 왔다. 피트니스에서 사우나를 즐기던 고객이 일어서지 못하고 옆으로 누웠다. 주차장에서 고객 차량 사이에 '문콕' 다툼이 생겼다. 호텔에서는 크고 작은 사고가 발생한다. 하루에 수백 명에서 수천 명의 고객과 스태프들이 건물의 곳곳에서 서비스를 이용하거나 제공하고 있는 '다중이용시설'의 특성상 아무리 예민하게 관리한다 해도 사고는 반드시 발생한다.

　사고에 대응하는 가장 좋은 전략은 '실수 방지'이다. 사고의 발생원인을 제거하여 사고가 일어나지 않도록 디자인하는 것이다. 이를테면 수영장 바닥에는 미끄럼 방지를 위해 논 슬립 타일을 깔고, 사우나 안에는 벽에 안전 바를 설치한다. 바닥에 단차가 있는 곳에는 위험 인식 스티커를 붙인다 등의 조치가 이에 해당된다.

실수 방지조치를 했음에도 사고는 또 발생한다. 실수 방지 다음 조치는 '예방 대처'이다. 사고가 발생할 수 있는 상황에 대비하여 예방 프로세스를 운영한다. 수영장에 라이프가드를 두 명 두고 한 명은 전망 의자에서 수영장 전체 상황을 살피고, 다른 한 명은 수영장의 정해진 동선을 따라 돌며 가까이서 확인한다. 사우나 등 사고 위험이 있는 곳은 Safety Patrol 프로세스를 운영한다.

예방 대처 다음은 '시스템 자동 대처'이다. 객실에 화재가 나면, 객실 안에 있는 연기·열감지기가 연기와 열을 감지하여 경보를 울려서 고객들에게 대피하게 하고, 동시에 방안에 있는 스프링 쿨러가 작동하여 화재를 즉시 소화한다. 화재경보는 가까운 소방서에 연동되어 소방차가 즉시 출동하여 차후를 대비한다. 이 모든 과정이 사람이 아니라 시스템에 의해 자동으로 신속하게 진행되어 상황을 빨리 종료시킨다. 대처 과정에서 사람이 직접 보고하고, 판단하고, 연락하고 하는 등의 불필요한 개입을 없애는 대처이다.

실수 방지, 예방 대처, 시스템 자동 대처 프로세스를 운영했음에도 일어나는 사고에 대해서는 'SOP (Standard Operating Procedure) 대처'를 해야 한다. 사고가 발생했을 경우를 대비하여 사고 상황별로 대응할 표준 운영절차를 만들고, 꾸준한 반복 교육훈련을 통해, 모든 스태프들이 사고 상황 발생 시 신속하고 유기적으로 대응할 수 있도록 해야 한다.

　호텔 운영자는 '사고는 반드시 일어난다'라고 가정하고, 여러 가지 일어날 수 있는 사고를 유형별로 정리하고 각 사고유형별로 실수 방지, 예방 대처, 시스템 자동 대처, SOP 대처 등의 프로세스를 철저히 준비해 두어야 한다.

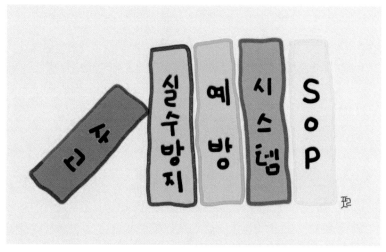

실수방지, 예방, 시스템, SOP 등을 탄탄히 준비해두면 리스크를 최소화할 수 있다

미팅이 너무 많아요!

제66화 이것은 제가 결정한 게 아닌데요?

당신은 호텔의 카페 영업을 책임지고 있는 매니저이다. 이 호텔에는 카페 말고도 이태리 식당, 일식당, 양식당 등 여러 개의 영업장이 있고, 각 영업장에는 별도의 매니저가 배정되어 있다. 당신과 스태프들의 헌신으로 지난 1년 동안 카페에서는 많은 수익을 냈다. 이 수익의 규모는 전체 식당의 60%에 달하고, 전년 실적보다도 30%나 개선되었다. 그러나 아무런 보상이 없다. 카페 스태프들은 실망했고, '열심히 해 봐야 괜히 고생만 한다', '일하기 쉬운 영업장으로 옮겨 달라'는 등의 불만이 빗발친다.

대형 호텔에는 객실, 연회, 식당, 피트니스 등 많은 고객 편의 시설들이 여러 곳에 분산되어 있고 이곳에서는 많은 스태프들이 일하고 있다. 호텔 운영자는 다양한 부문의 스태프들이 각자 맡은 바 임무에 최선을 다해 탁월한 고객 경험을 제공할 수 있도록 교육 및 훈련을 해야 하고, 운영손익 측면에서도 부문별로 평가하고 그 결과에 따라 보상하는 프로세스를 갖추고 있어야 한다.

호텔의 부문별 매출과 이익을 평가하기 위한 회계시스템을 UASH(Uniform Accounting System for Hotel)이라고 한다. UASH는 기본적으로 '책임 회계'를 근거로 한다. 한 호텔을 객실, 카페, 일식당, 피트니스 등 독립적인 손익평가 단위로 나누고, 각 단위별로 매출, 경비, 이익 등을 계산한다. 이때 매출이나 경비 중 해당 단위의 매니저가 책임과 권한을 갖고 있는 부분만 포함시켜 계산한다. 이와 같이 여러 식당의 매니저 단위 평가가 끝나면, 이를 모두 묶어 식당 디렉터 평가를 실시한다. 식당 디렉터를 평가할 때는 매니저 단위 평가 때 제외되었던 식당부문 공통 경비가 포함된다. 식당부문, 객실부문, 피트니스 부문 등 부문 디렉터 평가가 끝나면 호텔 공통경비까지 포함하여 호텔 프라퍼티 총지배인 평가를 하게 된다. 이런 과정을 거치게 되면 하부의 손익 단위부터 호텔 전체까지 단계별 책임자들이 맡은 범위에 대한 평가를 할 수 있게 되어, 이 평가를 근거로 단위 별 보상시스템 운영이 가능해진다.

'책임 회계'는 '내가 컨트롤할 수 있는 요인만으로 평가한다'는 배경이 깔려 있다. 호텔 운영자는 경영상 어쩔 수 없이 실행해야 하는 과제들도 영업장 단위의 평가와 부딪혀 해당 스태프들의 반발을 사는 경우가 종종 있다. 예를 들어, 고객 평가를 바탕으로 카페를 한 달간 닫고 보수한다는 결정이 내렸을 때, 그 기간 동안의 손실을 해당 영업장 평가 시 제외해주지 않으면 카페 스태프들은 본인들이 부당한 평가와 보상을 받게 된다고 생각하여 불만이 커질 것이다. 따라서 이런 경우 한 달간 영업 차질로 인한 손실 영향은 카페 단위 평가에서는 제외하고, 식당 부문 단위 평가에 포함시켜 식음 디렉터 평가에 반영하거나 또는 호텔 전체 단위 평가에 포함시켜 총지배인 평가에서 반영하는 것이 합리적이다.

호텔 운영자는 스태프들이 탁월한 고객 경험을 위해 One team 으로 일하는 동시에 각자 맡은 범위 내에서 좋은 성과를 이루어 낼 수 있도록 평가 및 보상 프로세스를 셋업 하여, '따로 또 같이' 일할 수 있는 동기부여를 해야 한다.

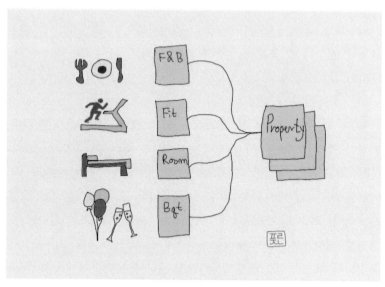

권한과 책임을 일치시킨 손익평가 시스템은
스태프들이 '따로 또 같이' 일할 수 있는 동기를 부여한다

제67화 지표와 숫자로 말하라

총지배인이 아침 스태프 미팅을 하고 있다. 먼저 객실팀 매니저가 얘기한다. "오늘은 매우 바쁜 날이 될 것 같습니다. 체크 아웃하는 손님도 많고 체크인하는 고객은 그보다도 많습니다. 이런 상황에 대비해서 서비스 스태프들도 스케줄을 조정하여 평소보다 많은 인원을 배치하였습니다." 다음은 식당 매니저가 발표한다 "객실에 손님이 꽉 찼습니다. 오늘 아침 카페 앞에는 손님들이 식사를 하기 위해 긴 줄에 서서 기다렸습니다. 내일은 오늘보다는 기다리는 시간이 좀 줄겠지만 대기는 좀 하셔야 합니다" 시설팀 매니저가 말한다. "오늘은 날씨가 많이 춥겠습니다. 곳곳에 동파 위험이 있으니 모두 주의를 '잘' 기울여 주시기 바랍니다."

호텔은 여러 서비스 스태프들이 한 명의 고객을 서비스하는 상품이다. 서비스 스태프들 간의 의사소통이 잘되어야 스태프 한 명이 한 고객을 응대하는 것처럼 서비스를 할 수 있게 된다. 스태프 간에 소통이 되질 않으면 고객은 한 번 했던 얘기를 만나는 스태프마다 반복하게 된다. 탁월한 고객 경험을 제공하기 위해서 서비스 스태프들 간의 원활한 의사소통은 필수 요소이다. 따라서 호텔에서 스태프 미팅은 매일, 짧게, 자주 해야 하며, 그 내용은 정해진 경로로 전체 스태프들에게 바로바로 공유해줘야 한다.

문제는 전달 방식이다. 위의 예에서 각 매니저들은 오늘 준비해야 할 사항들을 참석자들에게 공유했다. 하지만 내용이 다들 모호하다. '매우 바쁘다' '그 보다 많다' '평소보다 많은' '꽉' '긴 줄' '좀' '많이' '잘' 등 온통 '부사'들의 천국이다. '부사'는 감성적이긴 하지만 말이 길어지게 만들어 미팅 시간을 늘어지게 만들고, 호텔의 많은 스태프들이 그 의미를 해석하는 여지를 주게 되어 소통에 혼란을 일으킨다.

호텔 운영자는 스태프 미팅 시 '지표와 숫자'로 전달하는 체계를 셋업해야 한다. 이렇게 하면 미팅 시간이 짧아지고 의미의 전달이 명확 해져서 서비스 속도와 정확성이 올라가게 된다. 위 예에서 스태프들이 지표와 숫자로 전달한다면 이런 식이 될 것이다. "오늘 객실 가동률은 90%입니다. 체크 아웃 100명, 체크인 150명입니다. 평균 100명보다 50% 많습니다. 스태프들을 20% 증원하겠습니다", "아침식사 시 평균 대기시간이 15분이었습니다. 오늘은 7분 예상됩니다", "오늘 외부 기온은 영하 3도씨입니다. 창문을 닫아주십시오"

지표와 숫자로 얘기하는 체계를 만들기 위해서는 스태프들과 함께 호텔 프로세스를 정리하고 각 프로세스별로 핵심지표와 기준 상한선 하한선을 미리 정의해 두어야 한다. 그리고 미팅, 평가, 문서양식 등에 핵심지표와 숫자로 소통하는 문화를 만들면, 의사소통이 빠르고 정확해지며 의사결정도 빨라진다.

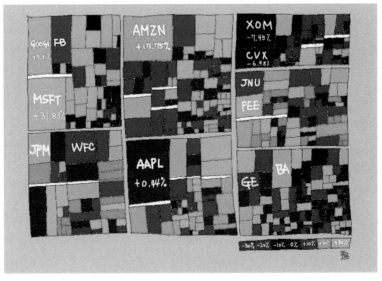

미국 S&P 500 주가 현황 MAP

업종 및 기업별 주가 현황(색깔)과 시가총액 크기(네모 크기)를 직관적으로 파악할 수 있다

제68화 미팅이 너무 많아요!

NBA 농구 경기를 보면 총 48분 정규게임시간 중간중간에 타임아웃을 요청하여 선수들과 작전 조율하는 것을 볼 수 있다. 코치는 한 경기에 12번의 타임아웃을 요청할 수 있다. 평균 4분에 한 번씩 작전회의를 하는 것이다. 배구나 축구 등 다른 스포츠 경기도 마찬가지이다. 감독이나 코치가 게임 도중에 계속해서 선수들에게 눈을 맞추며 작전을 지시하고 수정한다. 게임이 끝난 후에는 비디오 분석 미팅을 통해 선수들의 움직임을 피드백해 준다. 또한 선수들과 개인 미팅을 통해서 여러 가지 상황들을 점검한다.

호텔은 생산 현장과 서비스 현장이 한 곳에 모여 있다. 구매 창고에서 가져온 재료로 주방에서 구운 스테이크를 카페에서 서비스하면 고객이 식사를 한다. 호텔서비스는 농구게임과 비슷하다. 순간순간 스태프들의 플레이에 따라 고객에게 감동을 주어 골을 넣기도 하고, 서비스 에러가 일어나 고객을 실망시켜 실점하기도 한다. 농구게임에서 코치가 실시간으로 선수들과 소통하며 득점 상황을 독려하고 실점 상황에 대비하듯이, 호텔 운영자는 스태프들의 플레이를 주시하고 필요시 그때그때 독려하고, 조정해줘야 한다. 이렇게 하기 위해서 중간중간 타임아웃을 불러 짧은 작전회의를 자주 하면서 승리를 향해 다가가야 한다.

여느 회사와 마찬가지로 호텔도 많은 미팅이 필수 불가결한 요소이다. 다만 미팅마다 목적과 진행방식을 명확히 하여 공유하고 실행하면 훨씬 나은 결과를 낼 수 있다. 각 조직의 특성에 맞추어 미팅 방식을 정해서 진행하면 보다 효율적인 커뮤니케이션이 될 수 있다. 다음은 미팅 Ground rule의 한 예이다.

1. 전략, 영업실적, 상품기획, 운영 등 주제별로 구분하고 도중에 논의가 섞이지 않도록 한다. 숫자와 감성을 분리하라

2. 미팅이름, 주기, 참석자, 시간 등을 정해서 미리 공유한다

3. 자료는 사전에 공유한다

4. 미팅 자료는 파워포인트를 사용하지 않고, 워드나 엑셀로 지표, 숫자, 이야기 중심으로

5. 참석자는 꼭 필요한 사람만 최소한으로

6. 참석자는 자료를 미리 읽어보고 의견을 정리한 후 참석한다

7. 회의 후에는 의사 결정된 내용 중심으로 회의록 작성 후, 당일 참석자와 필요한 사람에게 공유한다

8. 회의 시 결정된 내용은, 다음 회의 시 그동안 진행된 상황을 공유한다

커뮤니케이션을 위해 미팅은 필요하다
적절한 Ground rule 을 정하면 미팅의 효율을 높일 수 있다

제69화 KISS 원칙

총지배인이 아침에 스태프 미팅을 진행하고 있다. "오늘부터 카페 보수공사를 진행합니다. 공사 중에 안전사고가 일어나지 않도록 잘 부탁드립니다." 미팅에 참여한 스태프들은 각자의 부서로 돌아가서 역시나 마찬가지로 "잘 부탁합니다"라고 해당 부서의 스태프들에게 전달했다. 이로써 호텔의 모든 스태프는 오늘부터 카페 보수공사를 하며, 안전사고가 나지 않도록 '잘' 해야 한다는 사실을 알게 되었다. 과연 사고 없이 공사가 잘 마무리될 수 있을까?

결론부터 얘기하면 이런 식의 업무지시는 하나마나가 되기 십상이다. 문제는 '잘한다'는 의미가 해석하기 나름이라는 것이다. 모두 잘해야 하는 일은 결과적으로는 아무도 아무 일을 하지 않아도 된다는 뜻이기도 하다. '누가, 언제, 무슨 일을, 어느 수준으로 마쳐야 하는지'를 구체적으로 알려주지 않으면 호텔 현장에선 아무런 액션도 일어나지 않는다.

만약 총지배인이 이렇게 업무지시를 한다면 어떻게 될까? "오늘부터 카페에선 보수공사가 진행됩니다. 공정을 보니 용접공사가 예정되어 있는데, 용접공사는 화재원인이 되는 위험 공정입니다. 공사팀에서는 협력회사와 논의하여 용접공사시 지켜야 할 5대 수칙인 작업지시서, 소화기, 소화수, 바닥에 부직포 깔기, 불티 맨 배치 등을 철저하게 준수해 주시고, 안전팀에서는 5대 수칙 준수 여부를 점검하여 어느 하나라도 지켜지지 않을 때는 공사를 즉시 중지시켜 주시고, 5대 수칙 준수율은 공사가 종료될 때까지 매일 아침 미팅 때 공유해주시기 바랍니다."

호텔은 많은 스태프가 모여서 일하는 곳이다. 현장 고객 접점에 있는 스태프들은 경험이 적을 가능성이 크다. 총지배인의 생각이 현장 고객 접점에 있는 주니어 스태프에게 정확히 전달이 되고 총지배인이 원하는 수준의 결과를 만들어 내려면 업무지시가 '쉽고, 간결하고, 명확해야' 한다. '잘 부탁합니다'식으로 애매하게 지시하면, 현장 스태프들의 업무 경험이나 역량 수준에 따라 결과의 편차가 발생하게 된다. 경험이나 역량 수준이 높은 스태프는 SOP(Standard Operating Procedure)대로 성실하게 프로세스를 준수한다. 하지만 그렇지 못한 스태프들은 때로는 지나치게, 때로는 미흡하게 반응하게 되어 성과의 편차가 심해지고, 이 편차는 품질 리스크로 이어질 가능성이 높다.

호텔에서 발생하는 상황에 따른 표준 운영절차인 SOP를 구체화하여, 모든 호텔 스태프들이 숙지하고, 상황 발생 시 개인별 업무 프로세스를 수행하면, 신속하고 보다 효율적인 운영이 가능해진다. 위 공사 관련 업무지시도 SOP화 해 놓았다면, "용접공사 SOP를 다시 한번 숙지하고, 교육하고, 준수해주시기 바랍니다."식으로 간결하고 구체화할 수 있다.

KISS(Keep It Simple, Stupid! ; 단순하게 하라고! 바보야) 원칙에 따라야 한다.

제70화 결.근.방.기.

　사랑하는 연인들의 대화는 달콤하다. 무슨 얘기를 하는지 하루 종일 알콩 달콩 즐거움이 넘친다. 그들의 대화는 결론이나 목적이 없다. 그냥 같이 있는 시간을 즐기는 것이다. 하지만 일을 할 때도 이렇게 소통해서는 곤란하다. 일은 매 순간 '목적'이 있고, '결과'를 내야 하기 때문이다.

　조직은 하나의 목표를 달성하기 위해 여러 사람들이 모여 힘을 합쳐야 하는 곳이다. 한 조직에 모인 여러 사람들은 각자 타고난 성격, 자라온 환경, 사고체계, 가치관 등이 모두 각양각색이다. 다섯 사람이 모여 회의를 한 후 각자 회의록을 적어서 공유해보면, 모두 그 내용이 다르다는 것을 알 수 있다. 또한 회사에서는 각자 맡은 일과 성과에 대한 기준이 있기 때문에 모든 일을 내 성과에 도움이 되도록 '자기중심적'으로 하기 쉽다. 다양한 사람들이 모여 각자 자신의 뜻만 주장하다 보면 갈등만 커지고 일은 진척되기가 쉽지 않다.

조직 내에서의 커뮤니케이션은 '이해'와 '설득'의 과정이다. 내가 하고자 하는 일의 목표를 달성하기 위해서는 내 일과 관련된 다른 사람들의 도움을 받아야 하는데, 이를 위해서는 가장 먼저 상대방을 '이해'해야 한다. 상대방이 어떤 업무와 성과 목표를 갖고 있는지를 파악하고 내 일이 상대방의 성과에 도움이 되는 연결고리를 찾아내야 한다. 그런 다음에 도움을 요청하면 '설득'이 쉬워진다.

상대방을 이해하고 난 뒤, 설득 단계에서는 '결근방기' 원칙을 따르면 설득의 성공 가능성이 높아진다. 결론부터 말하고, 근거를 뒷받침하고, 방법을 제시하고, 기대효과까지 곁들여주면 완벽하다.

예를 하나 들어보자. A가 맡고 있는 프로젝트 Q에 대한 성과를 내기 위해 2명의 지원이 필요하고, 이를 위해 팀장에게 승인을 받아야 한다면 어떻게 해야 할까?

먼저 '팀장은 어떤 성과기준을 갖고 있나?', '팀장의 성과기준과 프로젝트 Q와는 어떤 관계가 있나?' 등을 파악해본다. 파악해 본 결과, 팀장은 5개의 프로젝트를 6개월 이내에 완성해야 하고, 각 프로젝트 리더가 요청한 지원 인원은 총 10명이었으며, 팀장이 사용할 수 있는 프로젝트 예산은 6명까지만 지원이 가능한 상황이었다. 또한 5개의 프로젝트 중 A가 맡은 프로젝트 Q는 팀장의 성과기준에서 50%의 비중을 차지하고 있었다.

'이해'가 끝났으니, 다음은 '설득'이나. '결근방기' 원칙에 따라 설득해보자. 1) 결론 ; 팀원 2명의 지원이 필요하다. 2) 근거 ; 6개월 이내 프로젝트 Q를 완성하기 위해, 프로세스 분석 결과 데이터 분석가 1명과 프런트엔드 1명 추가 필요하다. 3) 방법 ; 팀 예산으로 가능인원은 6명, 프로젝트 Q의 비중은 50%, 따라서 2명 지원은 가능한 범위이다. 4) 기대효과 ; 팀 성과기준 달성, 증원 예산 3명 보다 1명을 줄여 프로젝트 Q 비용 절감이 가능하다. 등의 흐름으로 설명하면 팀장도 O.K. 할 것이다.

제71화 팀장과 팀원의 소통법

프로젝트 팀장 A가 팀원 B와 월요일 주간 미팅 중이다. 팀장 A는 팀원 B에게 '신상품 기획안을 다음 주 수요일까지 완성해야 합니다. B가 이 부분에는 경험이 있으니 이런저런 사항을 포함하여 준비하여 주시기 바랍니다'라고 간단히 업무지시를 하였고, B는 자신 있게 '예, 알겠습니다'라고 답을 하고 미팅을 끝냈다.

미팅을 한 후 3일이 지났다. 팀장 A는 'B가 진행하고 있는 신상품 기획안은 별 문제가 없을까?' 하고 궁금해져 B에게 진행상황을 물어본다. B는 '네, 일정대로 잘 진행되고 있습니다' 하고 답을 한다. 또 2일이 지나 금요일이 되었다. 팀장 A는 'B는 왜 신상품 기획안 진행상황을 나에게 공유해주지 않지?', '제대로 하고 있는 게 맞나?' 조바심이 난다. 팀원 B를 불러 진행 상황을 또 물어본다. B는 '네, 거의 끝났습니다. 월요일에 공유 드리겠습니다' 라고 답을 한다. 답하는 데 약간 언짢음이 섞여 있다.

팀원 B는 '아, 한 번 맡겼으면 좀 끝날 때까지 기다려주면 안 되나? 왜 이리 중간에 조바심을 내지? 나를 못 믿는 건가?'하고 속으로는 내심 서운하다.

이렇게 일주일이 지나고 월요일 주간 미팅 시간이 되어 팀원 B가 팀장 A에게 신상품기획안을 공유했다. B가 경험이나 업무능력이 뛰어나기 때문에 전체적인 맥락은 잘 정리되었으나, 초기 가정 부분에 결정적인 데이터 오류가 발견되었다. 이 부분을 수요일까지 바로잡기에는 시간이 급박하다. 팀원 B는 부랴부랴 이틀간 잔업까지 해 가며 업무를 겨우 마칠 수 있었다.

(팀장 A) 그렇게 왜 중간중간에 공유를 해 주었으면 여유 있게 마칠 수 있었던 걸 사서 고생이야!

(팀원 B) 아, 애초에 업무지시를 할 때 이런 주의사항을 얘기해주면 내가 이런 고생을 안 해도 되는데!

미국의 인류학자인 에드워드 홀에 따르면 의사소통문화는 고맥락 문화(High context culture)와 저맥락 문화(Low context culture)로 나눌 수 있다. 고맥락 문화는 간접적이고 함축적인 의사소통이 많고, 저맥락 문화는 직접적이고 명확한 소통을 선호한다.

시골에 계신 부모님이 "힘들텐데 이번 추석엔 내려올 필요 없다"라고 얘기했다면, 고맥락 문화에선 "너희들 힘들겠지만, 얼굴 보면 좋겠구나"라고 해석이 되고, 저맥락 문화에선 그냥 '안 가면' 된다. 각각 장단점은 있다. 서로를 잘 알고 있어 눈빛만으로도 통하는 사이에서는 '고 맥락 소통'이 효율적이다. 길게 말할 필요가 없다. 하지만 서로에 대해 잘 모르는 사이에서는 직접적이고 명확한 소통을 해야 오류가 줄어든다.

우리 문화에서는 고맥락 소통이 많다. 대충 얘기해도 알아서 눈치를 잘 채야 한다. 이 소통법은 가족처럼 가까운 사이에서는 문제가 없지만, 파트너가 계속 바뀌는 직장에서는 오류가 많은 방식이다. 팀장 A와 팀원 B의 사례처럼 서로에게 불만만 쌓이게 된다.

팀장 A의 역할이 중요하다. 업무 요청을 세부적이고 명확하게 - 가능하면 메일 등 문서로, 언제까지, 무엇을, 어느 수준까지 해야 하는지 등을 정해서 - 하고 중간중간 피드백을 함으로써 소통 오류를 줄이고 효율적으로 업무를 수행할 수 있게 된다.

팀원 B는 일정 도중에 진행상황에 대한 공유를 자주 해줘야 한다. 중요한 프로젝트는 가능한 매일 이메일 등으로 업무 공유를 해주고 피드백을 받으면서 진행하면, 잔업 없이도 정해진 기일에 업무를 완성할 수 있다.

세부적이고 명확한 저맥락 소통이 커뮤니케이션 오류를 줄인다

플랫폼, 플랫폼, 플랫폼

제72화 헤드쿼터 vs. 프라퍼티

  글로벌 브랜드 카페에서는 올해 연말 크리스마스 이벤트 상품을 기획할 때, 1년 전부터 지역본부인 헤드쿼터에서 해당 이벤트에 대한 준비를 시작한다. 충분한 시간 동안 고객 조사, 시장조사, 상품 선정, 가격입찰, 협력회사 선정, 마케팅·홍보 절차, 사이니지 제작, 직원 교육 매뉴얼, 사후 평가 및 보상 절차 등에 대해 준비하고 실행으로 옮긴다.

  이렇게 하기 위해서는 헤드쿼터에 좋은 기획 인력을 충분히 확보하고, 인건비, 경비 등에 사용할 재정적인 여력도 갖춰야 한다. 해당 글로벌 브랜드는 프라퍼티 매출의 5% 정도를 헤드쿼터 비용으로 배정한다. 각 프라퍼티 별로 5%는 크지 않지만 프라퍼티 숫자가 10개, 100개, 1,000개 등으로 늘어나다 보면 헤드쿼터의 자금여력도 비례해서 획기적으로 늘어난다.

호텔 프로세스를 정리해 보면 고객 접점인 호텔 프라퍼티보다 본부 격인 헤드쿼터 프로세스가 훨씬 많고 중요하다는 것을 알게 된다. 앞서 5:95에서 설명한 내용과 비슷하다. 호텔은 다점포 사업(Multi-property business)이다. 하나의 호텔로 수익을 내면서 좋은 품질을 유지하기는 매우 어렵다. 품질을 올리기 위해서는 좋은 인력이 있어야 하고, 좋은 재료를 사용해야 하고, 좋은 시설을 유지해야 한다. 이 모든 요소들은 높은 비용 지출을 요구하며 이는 수익성을 해치게 한다. 비용은 크게 고객 접점 프라퍼티 서비스에 들어가는 인건비, 재료비, 에너지비, 수선비 등 직접비용과 헤드쿼터에서 사용하는 인건비, 투자비, 이자비용 등 간접비용으로 나눌 수 있다.

훌륭한 서비스를 위해서는 헤드쿼터에서 마케팅, 인력 확보, 자금 확보, 시설, 시스템 등 인프라를 적극 지원해야 하며 여기에는 많은 간접비용이 투입된다. 간접비용을 늘리면서 고객 서비스와 수익성 두 마리 토끼를 잡는 방법은 프라퍼티 숫자를 늘리는 법이다. 하나의 호텔 브랜드가 10개의 프라퍼티로 확대되면 헤드쿼터 간접비용을 10개에 분산할 수 있어 헤드쿼터는 인프라 투자에 더 많은 여력이 생기고, 각 프라퍼티는 간접경비를 10분의 1로 줄일 수 있게 되어 수익성이 개선된다.

프라퍼티와 헤드쿼터는 역할에도 차이가 있다. 프라퍼티는 warm

welcome, stay-over, farewell 등 고객 서비스 실행 즉, 'DO'에 집중하고, 헤드쿼터는 시장분석, 브랜드 전략 수립, 브랜드 스탠더드 수립, 상품전략 수립, 인프라 혁신을 위한 투자 우선순위 결정, 재무계획 수립, 프라퍼티 평가 등 'PLAN'과 'SEE' 부분을 맡는다.

헤드쿼터는 'PLAN'과 'SEE'를, 프라퍼티는 'DO'를 맡는다

제73화 안전하게 운전하기

서울에서 출발하여 부산의 행사에 참석하기 위해 고속도로에서 운전 중이다. 어떻게 해야 제시간에 정해진 장소에 안전하게 도착할 수 있을까?

자동차는 1~2만 가지의 부품으로 만들어진 매우 복잡한 기계다. 이 많은 부품들이 유기적으로 잘 가동되어야 고장 없이 안전하게 목적지까지 갈 수 있다. 하지만 당신은 시속 100km로 달리고 있는 자동차의 운전석에서 앞과 옆의 도로 상황만 살펴보고 있다. 많은 부품들은 과연 안전한 것일까? 가는 길에 혹시 문제가 생기는 일은 없을까? 부품이 2만 개라고 해서 시속 100km로 주행하고 있는 상황에서 모두를 체크해가면서 갈 수는 없다. 오히려 주의력이 산만해져 위험해질 수 있다. 하지만 그런 일은 쉽게 일어나지 않는다. 바로 운전석 앞에 대시보드가 있기 때문이다. 당신은 운전하는 동안 꼭 챙겨야 할 속도, 내비게이션, 연료 게이지 등 5~6개만 가끔씩 챙겨보고 나머지는 전방과 측후면 도로 상황만 지켜보면 된다.

　호텔 운영도 자동차 운전과 비슷하다. 호텔 경영자가 챙겨야 할 포인트는 하루에도 수천 수만 가지가 넘지만, 이 점검 포인트들을 대시보드화하고 문제가 발생될 것이 예상될 때 미리 경고해주는 시스템을 갖추고 있으면 된다. 많은 포인트들은 대시보드 시스템에 맡겨 놓고 대부분의 시간을 고객에게만 집중하고 운전하면 된다.

　호텔 운영 대시보드를 만들기 위해서는 호텔 브랜드 비전, 미션, 전략 등을 정의하고, 이 비전이 고객에게 잘 전달될 수 있는 프로세스 맵을 그리고, 해당 프로세스 별로 품질 정의와 기준, 측정방법 등을 정의하여 대시보드 시스템에 주기적으로 정보를 업데이트해주는 체계를 셋업 한다. 이 정보의 업데이트 체계는 디지털 시스템에서 실시간으로 자동으로 연계되면 가장 좋지만 여의치 않을 때는 담당하는 사람을 두어 주기적으로 리포팅하는 프로세스를 정의하면 된다. 대시보드 시스템을 갖고 있으면, 호텔 경영자는 자신이 정의한 비전이 고객에게 전달되는 프로세스 품질을 주기적으로 파악할 수 있고, 문제 프로세스가 생기면 즉각 그 문제를 인지할 수 있고, 대응할 수 있게 된다.

　여름 해변을 맨발로 걷다가 발바닥을 날카로운 조개 조각에 찔렸다면 바로 '아얏!' 소리를 내며 주저앉아 발바닥을 살펴볼 것이다. 발바닥과 두뇌 사이에 흐르는 신경망 시스템이 가동되고 있기 때문이다. 만일 이 신경망 시스템이 작동하지 않는다면 큰 상처를 입게 될 것이다. 호텔 운영 대시보드는 조개 조각에 찔린 줄도 모르고 며칠을 지내다가 나중에 몸에 큰 문제가 생기게 되는 것을 방지해주어 건강을 유지할 수 있도록 하는 것이다.

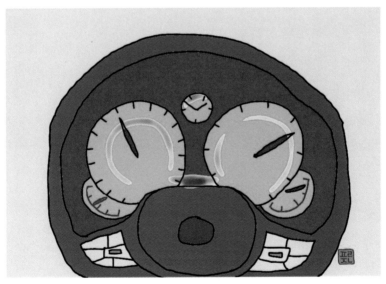

시속 100km 로 달리는 고속도로에서 2 만 개의 부품을 체크할 수는 없다
대시보드가 있으면 전방 상황에만 집중하면 된다

제74화 우리 식당의 스타메뉴는 뭐 예요?

일식당 매니저는 다음 달 메뉴별 판매전략을 짜고 있다. 메뉴는 참치 정식, 초밥정식, 도시락 정식, 회정식 등 4가지이다. 4가지 메뉴별 이번 달 판매실적은 아래 〈표〉와 같다면, 다음 달 전략은 어떻게 짜는 게 좋을까? 아래 표에서 판매단가는 메뉴 1개당 단가를, 재료비는 1개당 재료비를, 그리고 공헌이익은 1개당 판매가에서 재료비를 빼고 남은 금액을 의미한다. 식당에서 사용하는 비용은 재료비 말고도 인건비, 에너지비 등 많지만 공헌이익은 메뉴 1개당 추가로 투입되는 비용인 재료비만 공제한 나머지 이익을 말한다.

〈표 메뉴엔지니어링〉

메뉴	판매수량	단위당(천원)			총 금액(백만원)			비율(%)	
		판매단가	재료비	공헌이익	판매	재료비	공헌이익	재료비율	공헌이익률
참치정식	1,000	100	60	40	100	60	40	60.0	40.0
스시정식	1,000	30	10	20	30	10	20	33.3	66.7
도시락정식	200	50	40	10	10	8	2	80.0	20.0
회정식	300	70	30	40	21	9	12	42.9	57.1
합계	2,500				161	87	74	54.0	46.0

미국의 보스턴 컨설팅 그룹(BCG)은 기업의 사업에 대한 전략을 평가할 때 각 사업의 시장점유율과 성장률을 기준으로 4 분면의 매트릭스를 만들어 평가하였다. 즉 시장점유율과 성장률 모두 평균 이상인 사업은 'Star', 둘 다 낮으면 'Dog', 시장점유율을 높은데 성장률이 낮으면 'Cash cow', 시장점유율은 낮지만 성장률이 높으면 'Question mark'식으로 구분하여 사업별로 유지, 철수, 강화 등의 전략을 제안하였는데 이를 BCG 매트릭스라고 부른다. BCG 매트릭스를 식당 메뉴 전략을 수립할 때 이용한 것이 '메뉴 엔지니어링' 기법이다.

위 예에서 보면 참치 정식은 한 달 동안 판매수량이 1,000개로 인기가 높고 공헌이익도 40천원으로 평균보다 높은 'Star' 메뉴이다. 반면에 도시락 정식은 판매수량이 200개로 인기가 낮고 공헌이익도 10천원으로 평균 이하인 'Dog' 메뉴이다. 초밥정식은 판매수량이 1,000개로 인기는 높지만 공헌이익이 20천원으로 평균 이하인 'Cash cow'이고, 회정식은 판매수량이 300개로 인기는 낮지만 공헌이익이 40천원으로 높아 'Question mark'로 분류된다.

4가지 메뉴의 평가가 끝나면 판매 전략을 수립한다. 예를 들면, 'Star'메뉴인 참치 정식은 현상태를 '유지'하고, 'Dog'메뉴인 도시락 정식은 폐지나 변경을 검토한다. 'Cash cow'인 초밥정식은 고객 인기가 높으므로 현상태를 유지하되 공헌이익을 높이기 위해 묶음 판매나 판매단가 인상을 검토한다. 'Question mark'인 회정식은 아직 인기가 높지는 않지만 공헌이익이 높으므로 전략적으로 판촉 이벤트 등을 통해 판매수량을 늘려본다. 모든 메뉴가 스타 메뉴가 될 순 없다. 하지만 지금 판매되고 있는 메뉴가 고객과 운영에 어떤 의미를 갖고 있는지를 아는 것은 좋은 식당이 되기 위한 출발점이다.

식당에서 메뉴 엔지니어링을 이용하기 위해선 메뉴별 원가계산이 선행되어야 한다. 이를 위해선 메뉴별로 투입되는 재료, 레시피, 그리고 재료별 구매단가와 연동된 원가계산 프로세스 등이 운영되어야 한다.

식당의 스타 메뉴는 고객과 호텔 운영자 모두에게 중요한 상품이다

제75화 내년 살림은 어떤가요?

매년 하반기가 되면 호텔에서는 다음 연도 예산 수립 절차를 시작한다. 매출, 인력 및 인건비, 재료비, 에너지비, 수리비, 기타 비용, 투자계획 등을 수립하여 헤드쿼터 승인을 받는다. 헤드쿼터와 프로퍼티의 파이낸스 담당자들은 이 모든 계획들을 숫자로 바꾸어 확정한다. 물론 연간 계획은 연중 변화되는 환경에 맞추어 지속적으로 수정하는 작업도 진행한다.

예산 수립절차 중 핵심은 매출 계획이다. 매출 계획에 따라 인력, 인건비, 재료비, 경비 등이 종속적으로 결정된다. 매출 계획은 여러 가지 요소들을 복합적으로 고려해야 하는 매우 어려운 작업이다. 먼저 프라퍼티가 속해 있는 시장의 경쟁환경, 정치, 사회, 경제, 문화 적인 영향들을 종합적으로 고려해야 한다. 이 프로세스를 체계화하기 위해 매출과 비용을 움직이는 요소(Driver)들을 정하고 각 요소들의 과거 5개년 추이, 현재 수준, 미래 추이 들을 계량화한다. 가령 공급 측면에서는 새로운 경쟁 호텔의 오픈 또는 폐쇄 등의 요소가 시장 내 공급 객실 수라는 driver로 표현될 수 있다.

또한 수요 측면에서는 전염병 발병으로 인한 외국 관광객 입국자수 감소, 2030 내국인 고객의 호텔 이용 증가 등을 종합한 필요 객실 수라는 driver로 수치화 할 수 있다. 이 밖에 미국·중국·EU를 중심으로 한 글로벌 경기, 대통령·국회의원·지방의회 선거, 정책 변화, 국민소득, 1인 가구 수, 캠핑 인구, 골프인구 등 여러 요소 중에 해당 프라퍼티에 영향을 주는 driver를 찾아 연결해야 한다, 이 driver는 각 프라퍼티의 시장 상황에 따라 다르기 때문에 별도로 찾아야 한다.

예를 들어 전염병으로 국제공항 이용이 어려워지면, 중국인 관광객이 많이 찾는 시내 호텔의 경우 매우 어려움을 겪게 될 것이고, 내국인들이 많이 사용하는 리조트의 경우엔 고객이 폭증할 것이다. 이 경우 전염병은 매우 중요한 driver가 되고 시내 호텔엔 (-) driver가 되고, 리조트 호텔엔 (+) driver가 된다. 각 프라퍼티의 매출 driver를 잘 찾는 것이 매출 계획 프로세스 중 가장 중요한 일이다.

매출 계획이 확정되면 해당 매출을 만들어 내기 위한 인풋 요소 즉, 경비 계획을 수립하는데 호텔에서 주요 경비는 인건비, 재료비, 에너지비, 수선비 등이다. 경비 수준을 결정하는 driver는 매출에 비해서 찾아내기가 비교적 수월하고 고정적이어서 전년과 비교하며 변화된 부분만 고려하면 된다. 이를테면 인건비는 인원수, 연봉, 승진, 급여 인상률, 복리후생 등이 있고, 재료비는 고객수, 메뉴별 판매량 및 재료비 등을 들 수 있다.

예산 수립절차 중 또 하나의 중요하면서 난이도가 높은 프로세스는 투자(CAPEX;Capital Expenditure, 자본적 지출 또는 투자, 집행 효과가 여러 해에 걸쳐 나타나는 비용) 계획이다. 호텔 품질유지를 위해 매년 개수 보수 투자를 해 줘야만 한다. 투자계획은 오픈 당시부터 10년, 15년 식으로 장기 플랜을 세워서 꾸준하게 실행해줘야 한다. 헤드쿼터에서는 CAPEX계정을 프라퍼티 손익 계정과는 분리해서 관리해야 한다. 단기 총지배인 평가에 CAPEX가 포함되면 장기적인 시설품질관리를 놓치게 된다.

시장과 고객의 흐름, 환경의 변화 등을 드라이버화 하여 연간 계획을 수립한다

제76화 맞춤 양복 입히기

호텔은 수많은 사새를 사용하는 곳이다. 객실에서 사용하는 침구, 목욕용품, 식당에서 사용하는 식료, 음료, 기물, 테이블, 의자, 주방에서 사용하는 오븐, 주방용기, 피트니스에서 사용하는 트레드밀, 웨이트 머신, 운동복, 호텔 내부 장식용 아트웍, 서비스 스태프용 유니폼, 명찰, 구두, 호텔 시설관리용 조명기구, 청소장비, 기계실 장비 등 라이프스타일에 관련된 전 품목이 망라되어 있다. 이렇게 많은 품목(식당 재료만 수 천 가지가 넘는다)을 '품질규격을 지키고, 경제적인 가격으로, 고객이 원하는 시기'에 공급하는 것이 호텔 구매의 역할이다.

호텔 구매 프로세스에서 가장 중요한 것은 '품질규격(Specification)'을 정하는 일이다. 품질규격이 없다면 어떤 일이 벌어질까? 수많은 품목을 스태프들이 많은 프라퍼티에서 각자

이곳저곳 거래처에 알아보고 개개인의 판단기준에 의해 구입하게 될 것이다. 이렇게 되면 품질 편차가 생기는 것은 물론이고 품목은 많고 수량은 적고 거래처는 쪼개져서 비싼 가격에 구매하게 된다.

호텔 경영자는 브랜드 스탠더드를 정할 때, 브랜드 품질 수준에 어울리는 품목의 품질규격도 정의해야 한다. 이는 처음에는 매우 방대한 작업이지만, 한 번 정의해 놓으면 브랜드 스탠더드를 유지하는데 매우 효과적인 도구가 된다. 새로운 물품이 필요할 때는 호텔 운영 스태프들이 직접 구매하지 않고 구매 부서에 의뢰하게 하고 구매부서에서는 품질규격에 맞는 품목을 공급할 수 있도록 역할을 분리해서 운영하는 것이 품질유지와 내부통제 프로세스 상 효율적이다.

객실에 들어가는 침대의 품질규격을 정한다고 생각해보자. 브랜드 스탠더드에는 '최상의 숙면'이라는 가치가 제공되는 침구를 요구한다. 이 스탠더드에 맞추어 침대의 크기(가로, 세로, 높이), 베드 스프링 강도, 침구 종류, 제조사, 가격 등이 침대의 품질규격에 들어간다. 결정된 품질규격과 필요한 수량을 여러 곳의 침대회사에 알려주고(이를 RFP; Request For Proposal라고 한다) 가격 견적을 받은 후, 품질규격을 맞추면서 경제적인 가격을 제시한 회사를 거래선으로 선정하여 발주한다.

프라퍼티 수가 많은 글로벌 체인호텔의 경우, 품목별로 글로벌 통합구매 또는 지역별 통합구매 등의 방식으로 발주량을 늘려 진행한다. 이렇게 되면 호텔은 더 경제적인 가격을 받을 수 있게 되고, 협력회사도 물량 증가로 이익이 늘어나 win-win관계가 형성된다. 협력회사의 이익을 깎아서 호텔의 이익을 늘리는 것은 일시적으로는 가능할 수 있으나, 반드시 다른 부분에서 손해를 보게 되어있으므로 항상 협력회사의 이익과 호텔의 이익을 동시에 늘리는 쪽으로 진행해야 한다.

브랜드 스탠더드를 충족시키기 위한 세부 품목들의 품질규격을 정하고, 구매 전문부서를 통해 엄격하게 품질규격에 맞는 물품만 호텔 내에서 유통되도록 하고, 현장과 구매를 분리 운영하는 것이 이 프로세스의 핵심이다.

제77화 플랫폼, 플랫폼, 플랫폼

글로벌 체인호텔은 프라퍼티가 수천개가 넘는다. 대규모 M&A를 통해서 한 번에 수백개씩 늘리기도 하지만 신규 건축 오픈하는 숫자도 상당하다. 한 달에 신규 오픈하는 프라퍼티 숫자가 10개도 넘는다. 5 스타 호텔의 경우, 수 천억원의 건설비용 과 긴 준비기간이 필요한데 어떻게 일주일에 2개씩 오픈할 수 있을까?

일주일에 2개씩 오픈한다면, 한 달에 8개, 1년이면 100개다. 오픈 준비기간 3년을 고려하면 수면 아래서 진행 중인 프로젝트가 300개 이상이라는 계산이 나온다. 즉, 300개 이상의 프로젝트가 본계약을 마치고 3년 오픈 과정에 들어와 있다. 계약의 중도 이탈률이 50%라면 MOU (Memorandum Of Understanding; 양해각서, 본 계약 전 이루어지는 검토 동의서. 보통 법적 효력은 없다)는 600개 정도가 가동되어야 한다.

호텔 한 개에 수 백억·수 천억원씩 소요되는 프로젝트를 동시에 600개 이상 진행시킨다는 게 어떻게 가능할까? 비밀은 바로

'플랫폼'에 있다. 호텔 개발 프로세스를 정의하고 각 프로세스를 실행하는데 필요한 시스템, 인력, 외부 전문가 협업체계 등 인프라를 갖추는 것 이외에, 개발 프로세스 전반을 운영, 관리, 평가할 인트라넷 등이 포함된 플랫폼이 있어야 대형 프로젝트를 동시에 진행할 수 있게 된다. 이 플랫폼에는 하나의 브랜드에 대한 브랜드 스탠더드, 서비스 스탠더드, SOP 매뉴얼, 엔지니어링 스탠더드, Visual Identity 등의 콘텐츠와 이런 콘텐츠를 글로벌하게 동시에 활용하고 피드백할 수 있는 인트라넷 시스템이 갖추어져 있어야 한다.

한 프라퍼티 오픈 1년 전에 GM(General Manager; 총지배인)이 파견된다. 이 오픈 GM은 파견과 동시에 인트라넷에 접속하여 향후 1년간 일정표를 확인한 후 과업을 시작한다. 일을 수행함에 있어 필요한 양식, SOP 등 또한 받아볼 수 있다. GM은 매일 진행해야 하는 과업을 확인하고, 진행된 업무의 결과를 인트라넷에 업로드한다. HQ에서는 오픈 GM이 입력한 내용을 토대로 일정이나 내용상 보완이나 수정할 부분을 피드백해 준다. 이런 피드백들은 지표화 되어 월간, 분기 간 GM평가와 연동된다.

브랜드 철학, 세부 설계서, 각 분야별 전문인력, 협업체계, 개발 프로세스 진척상황을 관리할 인트라넷 등 '플랫폼'이 갖추어지면 글로벌하게 동시에 대형 프로젝트들을 진척시킬 수 있게 되어 브랜드 비전을 고객들에게 바르게 전달할 수 있게 된다.

제78화 오너 vs. 오퍼레이터

식당을 오픈한다면 여러 가지 경우가 있다. 자가소유한 연립주택 1층에 오픈하거나, 상가건물 내에 공간을 임대하여 오픈하거나, 또는 건물주가 위탁한 공간에 오픈한 경우 등이 있다.

호텔 운영형태와 관련된 이해관계자도 부동산 오너, 호텔 브랜드 오너, 호텔 오퍼레이터로 나뉜다. 한 사이트의 건물주 또는 투자자는 '부동산 오너'이고, 호텔 브랜드를 소유하고 해당 호텔 브랜드를 해당 공간 사이트에 심고, 고객 서비스를 운영하는 이는 '오퍼레이터'이다. 오퍼레이터는 호텔 브랜드 오너와 호텔 오퍼레이터로 분리 운영되기도 한다. 오퍼레이터가 해당 호텔을 직접 구입 또는 투자하게 되면 Own-operator가 된다.

호텔은 식당이나 카페와 달리 한 개의 프라퍼티에 투자하는 금액이 상당하다. 따라서 빠른 성장에 한계가 있다. 이러한 문제의 해결책으로 글로벌 브랜드 호텔들은 '경영위탁계약(Management Contract)' 또는 프랜차이즈, 또는 객실 예약 채널 공유 등의 방법을 통해 해당 브랜드의 확산에 힘을 쓰고 있다.

이 중 브랜드 확산에 가장 강력한 수단은 경영위탁계약이다. 브랜드마다 또는 사이트 경쟁상황마다 계약의 세부 항목은 차이가 있지만, 경영위탁계약은 호텔 브랜드가 막강한 브랜드 파워를 이용하여 건물주 또는 투자자와 하는 계약형태이다. 모든 호텔의 경영은 오퍼레이터에게 위임하고 건물주나 투자자는 일체 운영에 관여할 수 없다. 투자자 입장에서는 투자하고 일정 수익을 받는 데에만 집중한다. 브랜드 파워가 강력할수록 계약기간도 길어지고(100년 계약도 있다) 오퍼레이터의 수익원도 다양해진다. 매출이나 이익에 따른 경영위탁수수료 외에도 예약 채널 이용 수수료, 헤드쿼터 전문가 파견 수수료 등이 포함되기도 한다. 건물주나 투자자 입장에서는 본인이 소유한 건물에 글로벌 호텔 브랜드가 입점함으로써 건물 및 토지의 부동산 가치가 올라가고 매년 안정적인 수익까지 들어온다면, 일거 양득이다.

프랜차이즈 계약은 예약 채널, 전문가 파견 등의 서비스는 이용하지만 경영위탁계약에 비해서 오너의 개입 정도가 큰 계약 형태이다. 따라서 오너가 브랜드 호텔의 경영방식을 배우는 목적으로 또는 독립호텔로선 제한적인 글로벌 마케팅 채널 연계를 위해 도입하는 경우가 많다.

건물주나 투자자들은 브랜드 파워를 만든 호텔을 유치하기 위해 힘쓴다. 브랜드 파워는 높은 가치를 이끌어 내기 때문이다.

제79화 객실에 필요한 공기량이 얼마예요?

　호텔 안에는 사용 목적에 따라 객실, 연회장, 미팅룸, 식당, 피트니스 등 다양한 용도와 크기의 공간이 있다. 각 공간에는 쾌적한 공기를 관리하기 위해 신선한 공기를 공급하는 급기구와 탁해진 공기를 빼내는 배기구가 있다. 이 공기의 급기 와 배기는 각 층에 위치한 공기조절기가 컨트롤한다. 각 층의 공기조절기는 기계실 안에 있는 중앙 공기조절기가 조절한다. 즉, '외부 공기 → 기계실 중앙 공기조절기 → 각 층 공기조절기 → 객실 급기구' 흐름으로 외부 공기가 객실에 들어온다. 또한 객실 내부 공기를 내보낼 때는 '객실 배기구 → 각층 공기조절기 → 기계실 중앙 공기조절기 → 외부 공기' 흐름을 통한다. 이런 급기 와 배기의 흐름은 호텔 안에 혈관처럼 퍼져 있는 덕트를 통해서 이루어진다. 또한 공기조절기 안에는 먼지를 제거하는 필터, 가습, 냉수 코일, 온수 코일, 팬 등이 들어 있어 온도, 습도, 먼지 등을 품질규격에 맞도록 관리할 수 있다.

　$50m^3$의 객실과 $500m^3$의 식당에는 각각 급기 와 배기량을 얼마로

해야 할까? 각 공간별로 이용자 수, 체류시간 등을 고려하여 필요한 양을 정하면 각 층별로 필요한 공조량이 계산되고, 모든 층을 합하면 호텔 전체의 공조량이 계산된다. 즉, 필요한 공기 조절량은 공기조절기 용량을 결정하게 된다. 10평 원룸과 40평 아파트의 에어컨 용량이 다르다는 것과 같은 이치이다. 공기조절기 용량이 정해지면 이를 가동할 전기용량이 산출된다. 산출된 전기용량은 전기 수전량과 수배전 설비용량을 결정한다.

객실엔 쾌적한 공기 외에도 여러 가지 빛(조명)이 있어야 하고, 수돗물과 하수시설이 필요하고, 벽은 방음이 잘 되어야 한다. 호텔 중간층에 위치한 대형 연회장의 경우엔 바닥에 배치할 수 있는 하중 요건도 갖춰야 한다. 이와 같이 호텔의 각 공간별로 필요한 공기, 빛, 물, 방음, 바닥하중, 방수 등의 조건을 정하면 이를 충족시킬 공기조절기, 전기, 상하수도, 방음, 방수, 하중 등의 규격이 정해진다. 호텔의 공간별 건축, 전기, 설비 공사 시 준수해야 할 규격기준을 정의해 놓은 것을 디자인 스탠더드라고 한다.

디자인 스탠더드는 호텔의 품질 6대 요소 '안청쾌맛멋친(안전, 청결, 쾌적, 맛, 멋, 친절)' 중 '안청쾌맛' 4대 요소를 결정하는 중요한 프로세스이다. 또한 동시에 여러 사이트에서 호텔 공사를 진행할 때 여러 작업자들에게 작업 가이드라인과 세부지침을 제시할 수 있어, 빠른 브랜드 확산을 가능하게 해 주는 핵심문서 이기도 하다.

제80화 왜 이렇게 산만하죠?

가족 휴가를 즐기기 위해 호텔에 갔다. 주차장에 차를 대고 로비로 향한다. 로비 방향을 가리키는 노란 바탕 빨간 고딕체의 안내 사이니지가 눈에 띈다. 주차 안내원 부스 창엔 흰 복사용지에 PC로 인쇄한 바탕체의 '요금 안내'가 스카치테이프로 붙여져 있다. 호텔 로비로 들어선다. 도어 서비스 스태프의 유니폼이 해지고, 구두는 낡았다. 객실은 잘 정비되어 있는데 욕실 타일이 군데군데 깨져 있다.

호텔은 '경험'을 파는 곳이다. 경험은 오감을 통해서 인지되고, 이 중 70%는 시각을 통해 들어온다. '탁월한 경험'은 '뛰어난 시각요소'에서 나온다. 글로벌 체인호텔에서는 '멋진 시각요소'를 제공하기 위해 전담 디자이너 조직과 프로세스를 운영하고 있다. 호텔 브랜드를 개발할 때, 브랜드 스탠더드를 만들게 되는데 이 브랜드 스탠더드는 크게 철학적인 부분과 시각적인 부분으로 나뉜다. 철학적인 부분에서는 브랜드 비전, 비전을 전달할 구체적인 프로세스, SOP 등이 포함된다. 시각적인 부분에서는 브랜드 철학을 시각으로 전달하는 여러 가지 구성요소들을 정의한다. 여기에는 대표 컬러, 글씨체, 안내 사이니지, 인쇄물, 인테리어, 아트웍, 조명, 기물 스타일, 유니폼, 스태프 헤어스타일 등이 포함되며 이를 VI(Visual Identity; 비주얼 아이덴티티)라고 한다.

VI요소 중 인테리어, 예술품, 기물 등은 한 번 정의해서 셋업 하면 변화될 일이 많지 않다. 하지만 사이니지, 인쇄물, 스태프 유니폼 등은 매일 새로운 수요가 생기는 품목들이라 과정 관리를 놓치면 여러 VI요소가 한 공간에 섞이게 되어 브랜드 아이덴티티가 무너지게 되고 이로 인해 고객 경험을 해치게 된다.

VI 스탠더드를 정의하고, VI 스탠더드를 운영할 전담 디자이너와 협력회사를 지정한다. 또한 현장의 상황에 따라 VI 품목의 신설, 수정 등이 필요할 때는, VI 스탠더드 운영자인 디자이너를 통해 진행할 수 있도록 하는 프로세스를 운영해야 한다. 고객이 호텔에 들어오는 순간부터 나갈 때까지의 모든 고객 동선에서 '새로운 공간'에 왔다 간다는 경험을 주는 것이 VI이다. 예로 '긴자'라는 일식당에 가면 마치 '긴자' 온 것처럼 고객이 느끼게 해 주는 것이 포인트다. 만일 이 식당의 서비스 스태프가 한복을 입고 있다면 어떨까? '긴자'의 모습을 기대했던 고객은 부조화라고 느낄것이다.

호텔 운영자는 고객 경험 동선에서 시각적으로 보이는 모든 요소들을 하나씩 세밀하게 점검하여 브랜드 스탠더드와 VI 스탠더드에 부합하는지를 주기적으로 점검해야 한다.

우리의 객실은

90일 마다 새롭게 태어납니다

제81화 우리의 객실은 90일 마다 새롭게 태어납니다

출장 중에 오픈한 지 일 년 밖에 되지 않은 시내 호텔에 체크인했다. 엘리베이터를 탔는데 층수 버튼이 깨끗하지 못하다. 객실에 들어가니 그림액자에 먼지가 수북하다. 카펫에는 커피 흘린 자국이 그대로다. 천정의 공기조절용 디퓨져엔 먼지가 끼어 있다. 계속 머무르기가 염려되어 다음 날 다른 호텔로 옮겼다. 오픈한 지 수십 년 지난 호텔이다. 어제의 호텔과 비교해 보면 모든 시설이 깨끗하고 훌륭하다. 어떻게 이런 차이가 생기는 걸까?

호텔은 초기에 많은 투자가 필요한 사업이다. 도심에 있는 5 스타 호텔의 경우에는 수 천억 원 수준의 투자가 일어난다. 호텔을 오픈하는데도 몇 년의 준비기간이 필요하다. 브랜드 비전 및 콘셉트 선정, 서비스 디자인, 설계, 공사, 서비스 스태프 교육 등 수년의 과정을 거쳐야만 오픈이 가능하다. 처음 호텔을 오픈하여 어느 정도 세팅이 완료되면 모든 하드웨어는 매우 훌륭하다. 객실이나 식당 로비 등 모든 것이 최신 설비이고, 내구성도 최상이다. 모든 기계설비들도 문제없이 24시간 잘 가동된다. 수리할 것도 크게 없다. 고객들의 호평이 이어진다. 점점 입 소문을 타고 많은 고객들이 방문하는 장소로 자리 잡는다. 6개월이 지났다. 몇몇 고객들로부터 시설이 관리가 안된다는 불만을 듣는다. 급하게 팀을 구성하여 시설들을 점검해 본다. 관리상태가 그야말로 엉망이다. 많은 문제점들이 드러난다.

식당에 가서 화장실을 보면 그 식당이 보인다는 말이 있다. 호텔도 마찬가지이다. BOH(Back Of House)라고 불리는 직원들 준비공간의 관리상태를 보면 고객공간인 FOH(Front Of House)의 상태를 알 수 있다. 호텔 건축, 기계설비, 인테리어 등 하드웨어는 처음에 '돈을 많이 들이면' 좋은 아웃풋을 얻을 수 있지만, 적절한 유지보수관리가 병행되지 않으면 이 상태는 얼마 가지 못한다. 관리를 잘하는 호텔을 보면, 장기 유지보수계획을 가지고 정기적으로 청결 및 위생관리를 하고 있으며, 서비스 스태프들의 청결 위생 정리정돈 개념도 확실히 자리 잡혀 있다.

300개의 객실이 있다고 가정하자. 평균 객실 가동률이 70%라면 210개 객실에는 고객이 있고, 90개 객실은 비어 있다. 고객은 '내 집처럼' 객실을 편하게 이용한다. 고객의 사용빈도가 높아지면서 먼지, 커피 자국, 볼펜 자국, 긁힘, 벗겨짐, 깨짐 등 수리가 필요한 항목이 늘어난다. 호텔 운영자는 연중 객실 정비 계획을 세우고 전문적인 객실정비팀을 구성하여 매일 3~4개씩 새로운 객실 수준으로 정비하는 프로세스를 운영한다. 이렇게 하다 보면 모든 객실은 90일마다 새롭게 태어날 수 있다. 오래된 호텔도 새로 오픈한 호텔처럼 유지할 수 있게 된다.

물론 이런 프로세스를 운영하려면 상당한 비용이 들어간다. 하지만 오픈 후 일 년간 방치하는 동안 품질결함 때문에 떠나간 고객을 생각하면 이 비용은 충분한 가치가 있다. 품질은 수익의 원천이기 때문이다.

매일 정해진 객실을 청소, 도배, 수리 등 리뉴얼하면,
365일 새로 오픈한 호텔처럼 유지할 수 있다.

제82화 미리 챙길 순 없나요?

호텔 운영자는 매일 호텔의 전 구역을 돌아다니면서 영업 준비상황을 살핀다. 호텔 외곽의 정원, 지하에 있는 기계실, 스태프 휴게시설, 객실, 식당, 피트니스 등을 둘러보면서 외부의 기후는 물론 내부의 분위기, 스태프들의 준비상태 등을 살펴보면서 하루 일과를 시작한다. 호텔 운영자가 호텔의 전 구역을 돌아다니며 직접 살피고 스태프들과 대화하는 일은 모든 스태프들과 하나의 팀으로 고객을 맞이하는 팀웍을 만드는데 매우 중요한 과정이다. 하지만 이 과정이 완벽하게 마무리되려면 철저한 사전 준비과정이 필요하며 그중 시설관리는 가장 첫 번째 출발점이다.

안전, 청결, 쾌적, 맛, 멋, 친절이 좋은 호텔을 만드는 6 요소라면, 시설관리는 안전, 청결, 쾌적 세 가지 기초 요소를 관리하는 초석과 기둥 역할을 한다. 이 중에서도 안전과 쾌적은 상당 부분이 기계설비를 통해서 제공되므로 안정적인 기계설비관리가 무엇보다 중요하다.

호텔 기계실에는 전기, 냉방, 공기조절, 오폐수, 보일러, 화재예방, 수도 등 수많은 설비들이 즐비하고, 각 설비들은 중앙통제시스템의 조율에 맞추어 24시간 쉬지 않고 움직이고 있다. 평소에는 중요성을 느끼지 못하지만 만일 이 중 한 개라도 작동이 안 되면 고객들은 상당한 불편을 겪게 된다. 엘리베이터를 탔는데 정전이 되었다. 한여름에 냉방이 안된다 등의 상황을 생각해 보면 이해가 쉬울 것이다. 이처럼 호텔 기계설비들은 사람의 심장, 폐, 혈관 같은 역할을 하고 있어 잠시라도 멈추는 일이 없도록 주기적으로 정비해주는 것이 중요하다.

기계설비 정비는 사후정비와 사전 정비로 나뉜다. 시설사고가 나고 난 뒤 수리하면 사후 정비이고, 그전에 수리하면 사전 정비이다. 사후정비를 하는 경우, 고객 불편은 물론이고 호텔 운영자 입장에서도 많은 손실을 피할 수 없게 된다. 시설사고가 나면 영업이 중단되어 손실을 입는 것은 기본이고, 불편을 겪은 고객이 이탈하는 등 후폭풍이 상당하다.

차량을 오랫동안 잘 타고 다니기 위해서는 주기적으로 정비를 받아야 하듯이 호텔의 기계설비가 건강하게 유지되기 위해서는 예방정비(Preventive Maintenance; PM) 프로세스가 잘 운영되어야 한다. 기계설비와 부품은 각자의 사용수명이 있다. 변압기, 보일러, 냉각기, 공기조절기, 펌프, 배관, 화재예방설비, 엘리베이터, 전구 등은 각자의 사용주기가 지나기 전에 미리 미리 교체해주어야 한다.

수많은 장비와 부품, 소모품들의 교체주기를 잊지 않고 어떻게 하면 체계적으로 관리할 수 있을까? 이 문제를 해결하기 위해 호텔 운영자는 PM 시스템을 도입해서 모든 장비, 부품, 소모품들의 사용주기와 실 사용량이 실시간으로 집계되고 주간, 월간 단위로 리포팅되어 공유하는 프로세스를 마련해야 한다.

　PM 시스템을 운영하면 향후 5년, 10년간 기계설비 교체투자 비용을 합리적이고 사전적으로 예측하고 배정할 수 있게 되어 호텔 기계설비가 장기적, 안정적으로 운영될 수 있는 토대가 된다. 사후정비로 인한 직접 간접 손실을 고려하면 사전 정비 비용이 매우 저렴하다는 것을 호텔 운영자는 명심해야 한다.

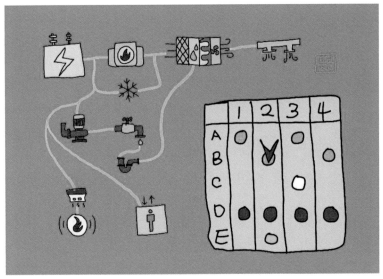

안전 · 청결 · 쾌적한 서비스를 위해서 예방정비 프로세스가 필요하다

제83화 리조트, Hang loose

아파트 30층에 살고 있다. 층고가 높다 보니 여름에도 모기도 없고 쾌적하게 보내왔다. 그런데 어느 날 집안에 모기가 날아다닌다. 어찌 된 일일까? 아이가 밖에서 놀다 들어올 때 옷에 앉은 모기가 같이 들어온 것이다.

쾌적한 공기를 마시며 힐링하려고 리조트 호텔에 갔는데 방안에는 벌레가 있고, 산책길에는 모기가 많아 나가기가 꺼려지고, 테라스 카페에는 식사 중 파리가 돌아다닌다면 어떨까? 불쾌한 경험으로 모처럼의 휴가를 망칠 수 있다. 하나의 사례지만 많은 사람들이 오고 가는 호텔에서는 이런 일들이 발생할 개연성이 있다.

모기, 파리 등 날아서 들어오는 벌레(비행 해충)들과 바퀴벌레, 쥐, 개미 등 기어 다니는 벌레(보행 해충)들은 고객 경험을 해치는 중요한 관리 요소이다. 해충의 침입을 막기 위해 호텔 운영자는 방역전문회사와 협력하여 효율적이고 전략적인 접근을 하여야 한다.

먼저 호텔 주변의 환경을 평가하여 해충의 종류와 서식지, 좋아하는 먹이, 호텔시설로의 침입 경로 등을 파악한다. 특히 리조트의 경우 정원은 해충이 서식하기 좋은 공간이 되는 경우가 많다. 먼저 호텔 근처에 있는 해충 서식지를 파악한 후 제거한다. 다음은 해충 침입 경로를 차단한다. 호텔 건물 외곽, 건물 주변의 1차, 2차 방어선을 방역 툴을 이용하여 친다. 그 다음은 호텔 내 진입경로의 차단이다. 문, 창문, 복도, 배관 등의 진입경로에 방역 툴들을 적용하여 침입을 차단한다.

주방 식품창고, 음식물 쓰레기, 식자재 운반 도구, 로딩 덕, 음식물 쓰레기 처리장 등 식자재 동선은 위생처리 프로세스를 셋업하고 작업자들이 항상 절차를 준수하도록 교육하고 점검한다. 이런 기초작업 외에 상황별로 관리 툴을 추가한다. 객실은 정비할 때 방역 툴을 추가로 적용하고, 식당은 클로즈 타임에 방역 툴을 식당 내에 배치하여 혹시 남아있을지 모르는 비행 해충을 제거한다. 정원에도 방역 툴을 적용하여 상시적으로 해충이 관리되도록 한다.

방역 툴 적용은 해충 분석 결과에 따라 달라진다. 소독약제, 포충기 등을 활용한다. 이때 유의할 점은 FOH와 BOH에 적용하는 툴을 달리해야 한다는 점이다. FOH의 경우 고객 경험 상품을 구성하는 요소를 고려하여 심미성을 해치지 않도록 방역 툴의 종류를 바꾸거나 디자인적으로 외관을 조정한다.

제84화 품격을 팝니다.

우리나라 근대사 60년의 발전 속도는 세계사에 유래를 찾아보기 힘들 정도이다. 1960년 1인당 GDP는 158불로 세계 최빈국 수준이었으나, 21년 기준으로 3만 5천 불, 25년 4만 불을 예상하고 있어 이제 선진국 대열에 들어서고 있다. 다른 선진국들이 수백 년에 걸쳐서 만들어낸 성과를 우리는 60년이라는 단기간에 이뤄냈다. 대단한 성과다. 하지만 이런 압축성장 이면에는 많은 부작용이 뒤따르고 있다. 물질적인 성장은 빠르게 이룬 반면 정신적인 성장이 그 속도를 따라가지 못해 OECD 36개국 중 자살률 1위, 노인의 상대적 빈곤율 1위 등 또 다른 사회적 문제를 야기하고 있다. 그동안 '빨리빨리' 정신으로 선진국의 뒤를 따라가기에 급급했지만, 이젠 창의와 배려를 기반으로 한 '품격사회'로의 전환을 고민해야 할 때이다.

'품격사회'로의 전환을 위해서 할 일이 많겠지만, 여기에서는 호텔과 관련된 부분에 국한해서 얘기해보자. 먼저 호텔의 시각적인 정체성(VI; Visual Identity) 개념을 사회 인프라에 적용할 필요가 있다. 우리가 살고 있는 주변을 살펴보자. 신도시는 이런 개념이 적용되어 그나마 나은 편이지만, 또 한편에서는 전봇대, 전깃줄, 간판, 현수막 등이 도시미관을 해친다. 농촌의 모습은 또 어떤가. 각양각색의 지붕, 플라스틱 기와 등은 주변의 아름다운 자연경관과 때로 조화를 이루지 못한다.

디테일하게 들어가 보면 그 차이는 훨씬 크다. 런던의 맨홀 뚜껑 디자인을 보고 서울시의 그것과 비교해 보자. 이렇게 우체통, 가로등, 차량 가드레일, 다리위 석상, 건물 디자인, 간판, 조명 등을 일대일로 비교해 보면 VI수준의 차이를 실감할 수 있다. 빨리 가난에서 벗어나고, 빨리 성장해야 했던 지난 60년의 효율과 성장 중심의 문화가 만들어낸 이면을 이제는 벗어날 때가 된 것이다.

호텔에 가면 뭔지 모르지만 '품격'을 느낄 수 있고, 그 안에 있는 고객들도 '품격'이 생기는 듯 느껴진다. 사진을 찍으면 사진 속의 사람이 기품이 있고 아름답게 보인다. 왜 이런 차이를 느낄까? 그 비밀은 VI에 있다. 호텔은 브랜드 개발 작업을 할 때 VI를 가장 중요한 요소로 여기고 많은 공을 들인다. 브랜드 콘셉트를 정하고, 콘셉트에 맞는 칼라, 서체, 스타일 등을 정하고, 인테리어 디자인은 심플하게 하고, 조명은 간접조명과 스포트라이트 조명을 사용하고, 벽에는 디자인 콘셉트를 뒷받침하는 아트웍을 건다. 전선이나 청소용구 등은 고객 동선에 드러나지 않도록 한다. FOH와 BOH를 철저하게 구분하여 고객 공간은 '멋짐'으로만 채운다.

호텔업은 '품격'을 파는 사업이며, 이 품격이 사회에 확산될 수 있도록 새로운 라이프 스타일을 제시하고 리딩 하는 사업이기도 하다. 호텔 운영자는 이런 점에 착안하여 브랜드 콘셉트를 숙지하고 모든 디테일이 이 콘셉트와 정렬될 수 있도록 유지 보수해야 한다.

영국 하이드 파크 다이애나 왕세자비 추모공원 바닥에 있는 안내 동판

제85화 50년이 지나도 새 호텔처럼

    A호텔은 경기침체 영향으로 고객 수가 많이 줄었고, 수익성은 나빠졌다. 수익성 개선을 위해 5년 전부터 진행해오던 기계실 냉각기 교체비용을 올해는 줄이기로 판단했다. 냉각기는 여름철 쾌적한 공기를 호텔 고객에게 공급하기 위한 핵심설비이다. 여름이 다가오자 기온은 오르고 오래된 냉각기는 고장이 났다. 고객 불만이 쏟아졌고, 호텔의 평판도 나빠졌다.

    호텔은 초기 투자비용이 많이 소요되는 산업이다. 호텔 소유주는 투자 수익률(ROI; Return On Investment)이 높아지는 것을 원하고, 호텔위탁운영자는 운영수익이 올라가는 것을 원한다. 호텔에 많은 고객이 와서 영업이 잘 되면 운영수익이 좋아진다. 또한 부동산과 기간설비 관리를 체계적으로 하면 오래 사용하더라도 항상 새 호텔처럼 유지되어 자산가치도 올라간다.

호텔 운영자는 호텔 자산의 품질 유지와 수익성 유지라는 두 마리 토끼를 잡아야 한다. 먼저 호텔 자산 품질유지를 위해서는 5, 15, 30, 50년 등 자산별 라이프사이클을 고려한 장기적인 관점에서의 유지보수 교체 계획을 수립하고 그에 따른 비용을 꾸준히 집행해야 한다. 이 때 유지보수 비용의 집행은 영업실적과는 분리하여 실행하는 것이 핵심이다. 장기 자산 유지관리 비용의 집행과 단기 영업실적이 연계되면, 단기적인 영업실적 높이기에 의해 장기적인 자산관리가 어려워지고, 이는 수년 후 훨씬 더 많은 비용을 집행해야 하는 경우로 이어진다. 따라서 매년 일정금액을 충당금으로 적립했다가 필요할 때 사용하는 절차를 만들어 두어야 한다.

예를 들어 매년 조금씩 비용을 들여 관리를 잘해주면 10년을 쓸 수 있는데 4년간 잘해 오다가 영업실적이 어렵다고 1년간 관리를 소홀히 하면 5년 만에 전체를 교체해야 하는 일이 발생할 수도 있다. 호텔의 CAPEX(Capital Expenditure; 자본적 지출, 건물과 기계설비 등의 개보수 투자비)관리는 장기적인 관점에서 호텔의 품질 수준 유지와 수익성 유지라는 두 마리 토끼를 잡기 위한 전제조건이다. 따라서 호텔 경영자가 자산관리 관련 의사결정을 할 때는 단기 수익성 관점에서 벗어나 장기적인 호텔의 라이프사이클 전체 기간을 놓고 판단해야 한다. 글로벌 체인호텔의 경우, CAPEX는 영업손익과 별도의 계정으로 관리하여 오너나 운영자의 영향을 받지 않도록 하고 있다.

단기 수익성이 떨어져 자산관리 CAPEX를 줄이면, 호텔의 품질이 떨어져 고객이 떠나고 수익성은 더 떨어지는 '악순환'에 들어선다. 반면에 단기 수익성이 떨어지더라도 CAPEX를 계속 집행하면 품질은 유지되고 고객은 다시 돌아오고 수익성은 올라가게 된다.

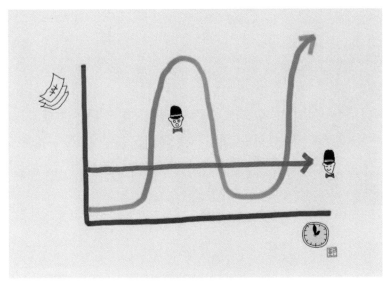

언제나 새 호텔처럼 유지하기

운영과는 독립적인 장기 CAPEX 계획을 가지고 매년 일정한 투자를 해야 한다

제86화 갈매기와 리조트

　고객들이 리조트에 있는 객실에 들어가면 대부분 맨 처음 하는 일이 창문을 열고 바깥 경치를 감상하는 일이다. 발코니 창문너머 푸른 바다와 하얀 백사장이 펼쳐져 있어 장관이다. 1층에 있는 야외수영장과 식당에서는 많은 고객들이 흥겨운 배경음악과 함께 즐거운 시간을 보내고 있다. 가만히 보고만 있어도 저절로 흥이 오르고 힐링이 되는 장면이다.

　하지만 이 즐거움도 잠시, 10분 후 발코니 창을 닫고 객실로 빨리 들어가게 된다. 갈매기 떼가 먹이를 찾아 발코니 쪽으로 몰려오고, 수많은 깔따구들이 날아다니고 있고, 1층에 있는 야외식당에서의 음식 냄새가 발코니를 타고 올라와서 처음에 느꼈던 'Wow!'가 금세 시들고 말았기 때문이다.

자연 속에 들어가 있는 리조트의 경우에는 자연과의 조화를 잘 고려해야 한다. 갈매기, 깔따구, 제비, 도마뱀 등이 발코니창을 통해 고객과 가까이 접할 수도 있다. 따라서 해당 로케이션의 생태에 대해 충분히 숙지하고 각 개체별로 특징을 파악한 후 동선을 다르게 유도하여, 자연을 보호하고 주변 생태와 공존하는 방안을 마련해야 한다.

리조트 야외 수영장 식당은 야외 활동에 출출해진 고객들을 위한 시설로 인기가 많다. 하지만 문제도 발생한다. 식당에서는 다양한 음식을 조리하고, 이때 조리에서 발생하는 냄새가 밖으로 나오게 되는데, 이 냄새는 외부 바람과 섞여 객실 쪽으로 타고 들어올 수도 있다. 식사시간 전에 맛있는 냄새는 식욕을 자극하는데 도움이 될 수도 있겠지만, 여러 가지 음식 냄새가 섞이게 되면 때에 따라 불쾌하게 느껴질 수 있다. 따라서 외부 지형에 따른 바람의 방향을 고려한 배기 동선을 설계하여 음식 냄새가 주방 밖으로 새어 나가지 않도록 설계하는 것이 좋다. 또한 음식물 쓰레기를 방치하면 갈매기와 같은 조류나 날아다니는 벌레들이 몰려들 수 있으니 외부에 노출되지 않도록 청결하게 분리 처리해야 한다.

제**87**화 깨진 유리창

 미국의 범죄학자인 제임스 윌슨과 조지 켈링은 1982년 '깨진 유리창'이라는 글을 발표했다. 깨진 유리창 하나를 방치하면, 점차 주변으로 범죄가 확산된다는 이론이다. 예를 들어 빈집에 유리창 하나가 깨진 걸 방치하면, 얼마되지 않아 나머지 유리창이 다 깨지고, 길거리엔 쓰레기, 낙서, 노숙인 등이 넘치고 이윽고 강도, 살인 등까지 일어나는 우범지대로 변한다.

 호텔 스태프가 출근해서 유니폼을 갈아입기 위해 락커룸으로 간다. 락커 문 위에 먼지 덮인 운동화가 널려 있다. 락커 한쪽 구석에서 누군가 쉬고있다. 락커룸 샤워실 바닥에 일회용 샴푸 비닐쓰레기와 머리카락 등이 엉켜 배수가 잘 안 되고 있다. 파우더룸 선풍기에는 먼지가 잔뜩 끼어 있다. 식사를 하기 위해 스태프 식당에 간다. 식탁에 먼지와 국물 자국들이 있다. 주방에서는 그릇 닦는 소리로 시끄럽다. 식사를 마친 후 잠시 쉬기 위해 스태프 휴게실에 들렀다. 주방 스태프가 더러워진 조리복을 입고 신발 신은 채로 소파에 발을 올리고 누워서 TV를 보고 있다.

만일 이와 같은 환경에서 일하고 있는 스태프라면 고객에게 좋은 서비스를 하기 어렵다. 락커룸, 스태프 식당, 휴게실과 같은 스태프 공간은 호텔에서 스태프들을 어떻게 대우하는지를 볼 수 있는 곳이다. 호텔에서 스태프들을 귀하게 여기면 스태프들이 매일 출퇴근하면서 머무르는 곳을 청결하고 쾌적하게 관리할 것이고, 그렇지 않다면 이와 같은 풍경이 연출될 것이다.

문제는 이런 BOH(Back Of House, 서비스 준비구역)의 '깨진 유리창'은 일종의 '바람'이 되어 은연중에 모든 스태프들의 마음속에 스며들어 지저분하고 시끄럽고 비위생적인 습관들이 몸에 배게 만드는데 있다. 그 결과 고객 서비스 공간인 FOH(Front Of House)에서 지저분하고 시끄럽고 비위생적인 환경을 보고도 자연스럽게 그냥 지나치게 된다. 유니폼은 구깃구깃하고, 손도 잘 안 씻고, 헤어스타일도 덥수룩하고, 식당 테이블에도 먼지가 앉고, 천정 구석에는 거미줄이 쳐져 있고, 엘리베이터 안 사이니지는 글자가 떨어져 있고 등등 수많은 곳에서 깨진 유리창의 '바람'이 순식간에 호텔 모든 곳을 뒤덮게 된다.

호텔 운영자는 매일 BOH 모든 구역을 꼼꼼히 눈으로 확인하는 절차를 유지해야 한다. 기계실, 전기실, 휴게실, 락커룸, 샤워실, 식당, 쓰레기 처리장, 사무실 등을 모두 둘러보고 '깨진 유리창'이 없는지를 확인하고 안전, 청결, 쾌적에 조금이라도 흐트러짐이 없도록 관리해야 한다.

제88화 녹물이 나와요!

호텔 화장실 세면기에 물을 틀었는데 누런 녹물이 나온다. 무슨 일이 있었던 것일까? 건물의 수도배관은 수명이 오래되면서 부식 등으로 인해 배관 내부에 녹이 형성되어 배관이 좁아지는 현상이 발생한다. 지름 10mm의 배관이 있다면 정상 컨디션에서는 10mm의 물이 흐르겠지만, 부식으로 좁아진 배관에서는 7mm의 물만 흐를 수 있다. 이럴 경우 투과율은 70%가 되고 투과율이 배관의 성능을 나타내는 지표가 된다. 배관은 건물 상하부를 흐르는 수직 배관과 각 층별로 좌우로 흐르는 수평 배관이 있는데 오래 사용하면 수평 배관이 수직 배관에 비해 더 쉽게 좁아진다.

녹물이 생기는 원인은 여러 가지가 있지만 순간 정전도 그 한 가지이다. 한전에서 들어오는 전기는 24시간 단 1초도 쉬지 않고 계속 흐르고 있다. 한전의 전기공급에 문제가 생겨 0.1초간 순간 정전이 생길 수 있다. 매우 짧은 시간이라 육안으로는 구분이 잘 되질 않지만 전기가 잠깐 멈췄다 다시 들어오게 되면, 24시간 가동되는 시스템에는 문제가 발생한다. 이 중 배관을 살펴보면, 배관을 타고 물이 항상 흐르고 있다가(배관의 물은 전기동력펌프의 힘을 이용해 이동한다) 순간 정전으로 인해 잠깐 멈추었다가 다시 흐르면서 물의 흐름에 압력이 높아져 파동이 발생하고, 이 파동이 배관 벽에 부딪히면서 배관의 녹이 떨어져 수돗물을 틀면 녹이 나오게 만드는 것이다. 물론 이런 녹은 잠깐 물을 흘러 보내면 다시 원상 회복된다.

배관 외에 호텔 모든 곳에 맑고 깨끗한 공기를 공급하는 공조 계통의 크고 작은 덕트들도 동일하게 관리해줘야 한다. 공조 덕트에 먼지가 끼어 있으면, 아무리 기계실에서 필터로 먼지를 걸러내고 온도와 습도를 맞추어 쾌적한 공기로 내보내더라도 필요한 곳으로 이동하는 과정에 오염이 되어, 결국 고객에게 쾌적한 공기를 제공하지 못하게 된다. 특히 주방 배기 덕트는 조리 시 발생하는 기름때가 덕트에 들러붙어 조그마한 불씨로 인해 화재로 연결되는 경우가 있으므로 주기적으로 청소해주어야 한다.

배관과 덕트는 인체에 비유하면 혈관과 같다. 심장과 허파에서 신선한 혈액과 산소를 공급하는 혈관이 막혀 있으면 동맥경화 현상이 생겨 심각한 질환이 발생하듯이, 배관과 덕트는 호텔 운영에 있어 핵심관리 포인트이다. 하지만 배관과 덕트는 건물 내부에 있어 확인이 어렵기 때문에 평소엔 그 중요성을 지나치기 쉽다.

호텔 운영자는 시설관리 스태프들과 전문가의 협조를 얻어 주기적으로 배관과 덕트의 상태를 전문 계측장비를 활용하여 점검하고, 관련 품질지표를 공유해야 한다. 우리가 건강관리를 위해 혈액검사를 통해 혈당, 중성지방, 콜레스테롤 수치 등 여러 지표를 측정해 보는 것과 같은 이치이다. 아울러 매니저들이 영업준비 상황을 점검할 때는 천정의 덕트 청결상태도 확인하는 프로세스를 셋업 해야 한다.

호텔의 공기조절 및 냉·온수 배관계통은 인체의 심·혈관계와 같다

제89화 스타일링, 고려해야 할 두 가지

　호텔 로비 인테리어와 스타일을 어떻게 할 지에 대해 건축가, 스타일리스트, 운영 스태프들과 함께 논의 중이다. 수 차례 논의를 거친 후 나온 결론은 대략 이렇다. 로비 바닥은 밝은 색 카펫을 깔고, 한쪽 벽에는 작은 그림을 여러 개 걸고, 천정에는 조명 등을 이용한 설치 작품을 배치한다. 로비라운지에서는 얇은 유리로 된 프랑스산 수입 접시 플레이트를 사용하여 고급스러움을 더한다.

　이런 논의를 할 때 '탁월한 고객 경험'을 제공한다는 측면에서 의사결정을 하는 것이 우선이다. 하지만 이런 고객 경험도 '지속적으로' 제공할 수 있을 때 의미가 있다. 만일 오픈 1년 후 처음 이미지가 아니라면 변화된 모습을 본 고객은 실망할 것이다.

　새로운 호텔을 건축하거나 기존의 영업장을 보수할 때, 호텔 경영자는 운영자 입장에서 유지관리 용이성을 반드시 따져봐야 한다. 로비에 흔히 볼 수 없는 고가의 수입산 밝은 톤의 카펫은 처음 보기에는 'wow'가 있지만 하루에도 수백 명, 수천 명이 다니는 로비의 특성을 생각해보면 금방 지저분해질 것이라는 걸 알 수 있다. 원래의 상태를 유지하기 위해 호텔 운영자는 매일 카펫 청소를 해야 하고, 청소를 자주한 카펫은 금방 해지게 되어 부분 교체를 해 줘야 한다. 카펫의 여분을 충분히 구매하지 않았다면, 기존 카펫을 보수하지 못한 채 그냥 사용할 수밖에 없게 되고, 고객들에게 낡은 카펫을 보여줄 수밖에 없게 된다. 물론 새로운 카펫으로 전체를 교체해도 되지만 이는 막대한 비용을 수반하게 되어 운영 효율성을 해친다.

벽에 그림을 걸 때도 우선은 '고객 경험'에 초점을 맞추어야 하겠지만, 운영 측면의 고려도 놓쳐서는 안 된다. 많은 사람이 오고 가는 로비는 먼지가 돌아다니고 이 먼지는 배기팬이 있는 벽 쪽에 모이게 된다. '만일 그 밑에 그림이 위치한다면 먼지관리를 어떻게 해야 할까?' 하는 고민을 해 보아야 한다. 조명등을 이용한 작품을 설치할 때에도 등이 고장 났을 때, 또는 떨어졌을 때, 먼지가 끼었을 때 등의 상황을 고려해야 한다. 얇은 유리접시는 자동 식기세척기를 이용하면 깨지기 쉽고, 손으로 닦으면 인력 소요가 높다는 점 등을 생각해야 한다.

건축가나 스타일리스트들은 호텔의 인테리어나 스타일이 자신의 작품이기 때문에 'Wow'에 포인트를 두게 되어있다. 호텔 운영자는 '보기에는 좋지만 유지관리가 힘든' 인테리어나 스타일에는 난감한 반응을 보일 수 있다. 운영을 생각하지 않고 겉으로 보이는 모습에만 집중하여 작업을 하다 보면, 얼마 지나지 않아 운영 관리 상의 문제를 노출하게 된다.

호텔은 투자에 대한 회수기간이 긴 사업이기 때문에 '탁월한 고객 경험'과 이를 효율적으로 뒷받침할 '유지관리' 두 가지 측면을 같이 고려해야 한다.

스타일링, 고객의 WOW와 유지보수 두 가지 측면을 고려해야 한다

모든 것을 다 잘할 필요는 없다

제90화 호텔, 라이프스타일, 소득

도심 거리의 카페는 늘 사람들로 붐빈다. 우리는 언제부터 커피를 마셨을까? 조선 말기 고종이 즐겨 마셨다는 기록 이후 커피는 줄곧 우리 삶에 지속적으로 깊숙하게 자리 잡고 있다. 단 커피를 즐기는 라이프스타일은 시대에 따라 조금씩 변화해오고 있다. 이 변화는 사회문화 전체적인 분위기, 소득 수준 등과 밀접한 관계를 갖고 있다.

6~70년대에는 다방이란 형태로, 그 다음은 커피숍, 최근에는 카페와 카페 앤 베이커리 등이 주요 라이프스타일로 자리 잡고 있다. 인스턴트커피에서 점차 고급 원두커피로 바뀌고 있고, 어항에 소파가 있던 인테리어는 커뮤널 테이블, 펜던트 조명, 원목 가구 등 감각적인 인테리어로 바뀌었다. 모바일 오더 시스템이 도입되고 드라이브 쓰루 매장도 들어섰다. 물론 커피의 가격도 많이 올랐다. 이 모든 변화는 주로 소득 수준의 변화가 주도하고 있다. 소득 수준과 원두커피 소비량의 상관관계를 찾아보면, 1인당 국민소득이 2만 불이 넘어가면서 원두커피 수입량도 급증한 사실을 알 수 있다.

라이프스타일은 한 번 올라가면 내려오기 힘든 하방 경직성을 갖고 있다는 특징이 있다. 넓은 집에 살다가 좁은 곳으로 옮겨 가면 불편하게 느끼듯이 한 번 원두커피 맛에 익숙해지면 수입이 좀 줄더라도 끊기가 쉽지 않다. 우리나라도 2000년대 1인당 국민소득이 2만 불을 넘기면서 원두커피 수입이 급증했고, 이런 추세는 금융위기로 1인당 국민소득이 1만 불대로 급락했을 때도 떨어지지 않고 유지되었다.

라이프스타일과 소득 수준의 관계는 커피 말고도 많은 산업에서 확인할 수 있다. 운동의 예를 들어보자, 1인당 국민소득이 5천 불 미만(이하 소득 수준 숫자는 예시임) 일 때는 '먹고 살기 바빠서' 운동이란 걸 모르고 살았다. 1만불이 넘어서면서 배가 나오고 비만관리를 위해 '조깅'을 하기 시작하고, 이때부터 러닝화, 운동복 등의 소비가 이루어진다. 2만 불이 넘어서면 건강 소비가 널리 퍼지면서 실내 헬스장, 에어로빅, 수영장에서 몸 만들기 운동을 시작하고, 3만 불이 넘어가면 건강한 식이까지 곁들인 '몸짱' 라이프스타일이 시작된다. 4만 불 이상이 되면 온 몸의 기능적인 움직임과 몸과 마음 건강인 웰니스에 관심을 갖기 시작한다. 화장도 마찬가지이다. 처음엔 화장이 뭔지 모르고 바삐 살다가, 피부 결점을 보완해주는 커버형 화장품을 거쳐, 일정 수준을 넘어서면 피부건강을 고려한 화장품, 나아가 건강한 식이를 통한 자연 화장까지 관심을 갖게 된다.

호텔산업에도 이런 상관관계는 적용된다. 소득 수준이 낮을 때는 호텔은 외국인 방문객 또는 내국인 일부만을 위한 소수의 고급 호텔이 주를 이루다가 소득 수준이 올라가면서 호텔 소비가 대중화되어 호텔 카테고리도 All-inclusive, 부티크, 비즈니스, B&B(Bed and Breakfast), 리조트, 카지노, 레지덴셜 등 고객 라이프스타일 수요에 맞추어 다양화된다.

호텔 경영자는 이러한 호텔산업의 특징을 이해하고 항상 소득 수준과 라이프 스타일 소비패턴에 관심을 기울여야 한다. 소득 수준이 높은 나라에서 어떤 소비패턴이 생겨나는지를 주시하고 상대적으로 소득 수준이 낮은 나라 또는 지역에는 어떤 패턴이 적용 가능한지를 고려해보면 새로운 사업기회를 만들 수 있다.

소득 수준에 따라 라이프스타일이 달라진다

제91화 북극곰을 구해 주세요

일회용품 규제가 없는 국가의 글로벌 체인호텔에 묵어보면 객실 안에 일회용 어메니티(Amenity; 편의용품 또는 서비스)가 매우 잘 구비되어 있어 별도로 개인 위생용품을 준비하지 않아도 큰 불편함이 없다. 슬리퍼, 치약, 칫솔, 비누, 샴푸, 컨디셔너, 바쓰 젤, 바디로션, 면도기, 면도크림, 빗, 바늘과 실 킷 등이 다양하게 구비되어 있다. 같은 체인호텔이지만 유럽이나 미국으로 가면 상황이 좀 다르다. 어떤 곳은 일회용품이 거의 없는 곳도 있다. 각 국가별로 일회용품 규제 정도가 다르기 때문에 일어나는 현상이다.

20세기 이후 급격한 산업화로 지구의 환경은 최악의 상태로 치닫고 있고, 사람들 사이에서는 위기의식을 느끼며 지구 환경을 살려야 한다는 인식이 급격하게 퍼지고 있다. 기후협약을 통한 탄소배출 중립을 추진하고, 각 국가별로 환경에 대한 규제가 늘어나고 있으며 이는 호텔산업에도 새로운 리더십을 요구하고 있다.

호텔은 많은 객실에 매일 고객이 바뀌는 곳이기 때문에 위생 관리가 매우 중요하다. 따라서 침대 시트, 타월 등은 매일 세탁하여 교체하고, 욕실 위생용품은 일회용으로 제공하고 있다. 우리나라의 호텔들도 불과 수년 전에는 객실 어메니티가 완벽하게 잘 구비되어 있어 일회 용품 소비가 상당했다가 최근에 환경 관련 규제가 정비되면서 호텔에서의 일회용품 사용을 줄여 나가고 있다. 고객의 입장에서는 일회용품이 여행의 편의를 높여주는 것이지만 지구환경의 차원에서 보면 줄여 나가는 것이 바람직하다. 일회용품을 줄이는 것과 동시에 리넨류 세탁을 줄이는 노력도 해야 한다. 침대 시트 등을 매일 교체하고 세탁하면 세탁 시 투입하는 세제와 물 사용 등으로 인해 환경에 좋지 않은 영향을 줄 수 있다.

이미 오래전부터 글로벌 체인호텔들도 '지구환경보호 프로그램'을 도입하여 고객들의 동참을 구하고 있다. 한번 깨끗하게 세팅된 침구류는 고객 투숙 기간 동안 교체하지 않는 것을 기본으로 하고 고객의 요청이 있을 때만 교체해주며, 일회용 위생용품은 비치하지 않고 고객 요청이 있을 때 제공하거나 유료로 판매하는 방침 등을 도입하고 있다.

일회용품과 세탁물을 줄여 나가면, 환경은 물론 호텔 수익성에도 긍정적인 영향을 미친다. 하지만 이는 지구 환경을 살리기 위한 고객의 양보에 따른 것이기 때문에 가격의 인하, 다른 혜택의 제공 등을 통해서 고객가치를 지켜 줌으로써 지구, 고객, 호텔이 공존하는 방안을 찾아가는 것이 중요하다.

제92화 호텔, 부동산업

호텔은 라이프스타일 업, 서비스업이면서 동시에 '부동산업'이다. 호텔의 이해관계자는 고객, 스태프, 투자자, 경영자, 시설관리자 등 다양하다. 이 중 호텔의 자산과 관련된 부분에 국한해보면 투자자, 운영자, 시설관리자 등으로 좁힐 수 있다.

먼저 투자자 입장에서 살펴보자. 호텔을 운영하기 위해서는 건물, 토지 등 부동산을 매입하고 호텔을 건축해야 하며 이를 위한 자금도 필요하다. 호텔 매입이나 건축에 필요한 투자자금을 모집하기 위해 부동산 펀드나 리츠를 설립하고, 모아진 자금으로 부동산 매입, 건축, 매각 등을 통하여 수익을 만들어내고, 그 수익을 투자자들에게 배당하는 등의 관리 주체가 필요하다. 이를 자산운용(Asset Management; AM)이라고 한다. 자산운용은 부동산 관리에 필요한 자금조달 등 금융적인 부분을 담당하므로 금융회사에서 진행한다.

자산운용절차를 거쳐 호텔을 건축 또는 매입하여 호텔 운영을 시작하였다면, 호텔 운영자는 운영 수익성과 부동산 가치를 올려 투자자들에게 많은 배당이 돌아갈 수 있도록 해야 한다. 이를 위해서 호텔 운영자는 수익을 최적화하도록 공간을 구성하고, 객실, 식당, 연회장 등 고객이 원하는 상품을 채우고, 탁월한 서비스를 제공함으로써 많은 고객들로부터 프리미엄 브랜드 이미지를 얻도록 노력해야 한다. 이처럼 부동산의 운영수익과 자산가치를 올리는 역할을 하는 주체를 프라퍼티 관리(Property Management; PM)라고 한다. 호텔업에서는 많은 글로벌 체인호텔 브랜드들이 프라퍼티 관리업을 운영하고 있다. 이들은 호텔 부동산 소유주로부터 호텔 운영을 위탁 받은 뒤, 해당 호텔에 글로벌 브랜드 경영기법을 접목시켜, 호텔 운영 수익과 자산가치를 올려 소유주의 이익을 올려주고 수수료와 인센티브를 받는다.

호텔을 오픈하고 고객들이 드나들 때는 안정적인 시설운영이 중요하다. 기계실 장비, 객실 보수, 공기조절장치, 방재, 배관, 엘리베이터, 전기, 조명, 청소, 조경 등의 유지보수를 주기적으로 해주지 않으면 많은 사람들이 방문하고 이용하는 호텔의 특성상 금방 노후화되어 서비스 품질은 물론이고 자산가치까지 동시에 떨어질 수 있기 때문이다. 이처럼 호텔 건물과 토지의 유지보수를 관리하는 프로세스를 시설관리(Facility Management; FM)이라고 한다. 호텔의 경우 FM은 관리 난이도에 따라 PM사에서 겸하거나, 전문회사에 위탁한다.

부동산업 측면의 호텔은, 자금을 조달하여 호텔을 매입 또는 건축한 후 매각하고 수익을 배당하는 자산운용(AM), 고객의 니즈에 맞는 상품으로 공간을 구성하고 탁월한 서비스를 제공하여 운영수익과 자산가치를 올리는 프라퍼티 관리(PM), 시설 상품의 전문적인 유지보수를 통해 호텔의 브랜드와 자산가치를 올려주는 시설관리(FM)등 AM, PM, FM으로 나눌 수 있다.

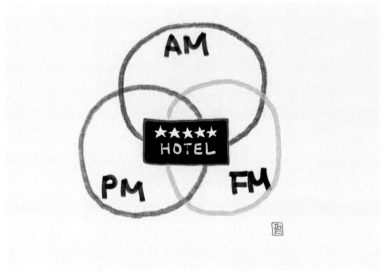

호텔업은 AM, PM, FM 등의 세 가지 영역이 믹스되어 있다

제93화 모든 것을 다 잘할 필요는 없다

　유럽의 한 도시를 여행하다 역 근처에 있는 100실 규모의 작은 호텔에 투숙했다. 건물은 지어진 지 꽤 오래돼 보였다. 로비는 작았고, 엘리베이터는 4~5명 정도만 탈 수 있었다. 객실도 작고 소박했다. 욕실 바닥 타일은 낡았고, 방안에 있는 선풍기도 올드해서 회전 기능도 없었다. 하지만 침대는 편안하고 침대 시트는 깔끔하여 잠을 푹 잘 수 있었다. 다음 날 아침 식사를 하러 1층 카페에 갔다. 음식의 종류는 많지 않았지만 수프, 치즈, 갓 구운 건강한 곡물 빵, 시리얼, 요거트 등은 하나같이 신선하고 너무나 맛있었다. 그리고 서비스 스태프도 깔끔하고 친절했다.

　300실 이상 되는 대형 호텔의 경우, 많은 고객이 이용하기 때문에 고객들의 다양한 니즈를 충족시켜주기 위해서 객실 외에 여러 타입의 식당, 연회장, 피트니스, 수영장, 오락 등 많은 부대 서비스를 운영하게 된다. 다양한 고객에게 여러 가지 서비스를 제공함으로써 많은 수익을 올릴 수 있다. 하지만 서비스 접점이 많아져서 서비스 에러 발생빈도가 높아 체계적으로 접근하지 않으면 예상하지 않았던 추가 비용이 발생하여 운영비용이 높아지는 단점도 가지고 있다.

　호텔 경영자는 브랜드 콘셉트를 개발할 때, 핵심 고객과 서비스 범위를 정하게 된다. 타깃 고객의 핵심 니즈와 호텔이 보유하고 있는 역량 수준을 고려하여 모든 서비스를 제공할 것인지, 아니면 제한된 서비스만 제공할 것인지를 판단한다. 만일 타깃 고객이 여행 중에 하루 또는 이틀 쉬고 가는 가족 고객이라면, 호텔에서 푹 자고, 아침 식사 후 출발하는 흐름이어서 호텔에서 필요로 하는 핵심 서비스는 '저녁에 잘 자고, 아침에 잘 먹고'에 집중하면 될 것이다. 이런 고객에게 럭셔리한 로비 소파와 샹들리에, 널찍한 객실, 욕조와 여러 가지 욕실용품 등의 서비스는 핵심 니즈와는 거리가 있고 가격만 높이는 요인이 될 것이다.

　호텔 경영자는 타깃 고객을 설정한 후, 호텔이 제공하는 식당 시설, 라운지, 객실규모, 침실 수준, 위생상태, 객실 정숙도 등 여러 속성들을 나열하고, 경쟁하는 호텔들의 속성별 강약점을 분석한 뒤, 어느 부분에 전략적으로 집중할 것인지를 결정하여 포커스 해야 한다. 위 예에서 가족들이 묵었던 호텔은 침대와 아침(B&B; Bed & Breakfast)에만 전략적으로 집중한 경우이다.

고기를 파는 한 식당의 예를 들어 보자. 평균적인 식당 재료비율이 30%인데, 이 고깃집의 재료비율은 50%이다. 그리고 나머지 서비스는 셀프서비스를 운영한다. 낮은 가격에 좋은 고기를 제공하는 가성비에 집중하고, 고객도 서비스에 참여하게 하여 인건비를 낮추는 전략을 택한 것이다.

　　한 두 가지의 고객가치에 집중해서 공략하는 것도 좋은 방법이다.

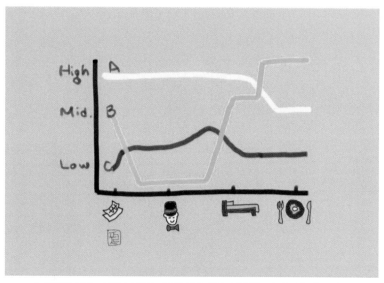

A 호텔은 가격, 스태프 서비스, 객실 등이 최고 수준이고, C 호텔은 중급이다.
B 호텔은 객실과 조식 서비스에 집중했다.

제94화 어느 장단에 맞춰 춤을 출까요?

한 고객이 호텔의 피트니스 매니저에게 불만을 토로하고 있다. "이 테이블 위에 있는 달력은 글자가 작아서 보이질 않아요, 글자가 큼지막했으면 좋겠어요. 정 어려우면 돋보기안경이라도 앞에 둬 주세요", '고객이 왕이다'라는 생각을 갖고 열심히 일하던 매니저는 글자가 큰 달력을 찾아서 바꿔 놓았다. 얼마 후 또 다른 고객이 "휴게실에 신문을 좀 들여놔 주세요"하는 요청을 한다. 매니저는 부랴부랴 신문을 구입해서 매일매일 휴게실에 비치하였다. 고객들은 매니저를 볼 때마다 이런저런 요청이나 불만을 얘기했고, 그때마다 매니저는 고객의 소리를 즉각 반영하기 위해 노력했다. 그러던 어느 날 새로 들어온 고객이 이런 얘기를 한다. "매니저님, 이 피트니스는 너무 어수선해요. 왜 이렇게 모든 게 통일감이 없고 제각각이죠? 달력도, 휴지통도, 시계도 장소마다 크기와 모양, 색깔이 다 다르네요" 어떤 고객의 소리를 들어야 할까?

휴대폰의 예를 생각해보자. 새로운 휴대폰을 개발할 때는 타깃 고객을 정하고 그 타깃 고객이 선호하는 기능과 디자인, 가격, 마케팅 채널 등을 묶어 시장에 출시한다. 만일 이 휴대폰이 20대 학생을 타깃으로 출시한 제품이라면 20대 고객의 소리를 듣기 위해 노력을 하겠지만, 다른 세대의 의견에는 상대적으로 많은 관심을 갖지는 않는다. 서비스도 마찬가지이다. 하나의 서비스 브랜드를 출시하기 위해 시장과 고객을 분석한 후, 그중 핵심 타깃 고객을 정의하여 그 타깃 고객의 취향에 맞는 서비스 스타일을 구성한다. 60대 노후 여가를 위한 리조트와 30대 가족 고객을 위한 리조트는 완전히 다른 상품이다. 물론 두 개 이상의 고객 카테고리를 모두 담는 서비스 콘셉트도 가능하다. 하지만 이 경우에도 1차 핵심 고객과 2차 고객을 명확히 하여, 두 고객 카테고리의 이해가 부딪힐 경우에는 1차 핵심 고객의 요구를 우선시하는 판단기준을 세운다.

다시 피트니스 예로 돌아가 보자. 처음 호텔을 지을 때는 경영진, 콘셉트 디자이너, 건축가, 스타일리스트들이 참여하여 호텔의 브랜드 스탠더드를 정한다. 이 브랜드 스탠더드에는 호텔이 지향하는 서비스 철학과 이 철학을 고객에 전달하는 방식들이 세부적으로 정의되어 있다. 예를 들어 브랜드 철학을 '심플'이라고 정했다면, 건물도 심플하게 건축하고, 복잡한 인테리어는 모두 생략하고, 조명도 부분 하이라이트 조명 위주로 하고, 스태프 유니폼 컬러도 단색으로 구성하고, 안내 사이니지나 인쇄물의 서체나 스타일도 담백하게 하는 식이다.

    호텔의 '개발단계'에서 각 분야별 전문가들이 풀어낸 브랜드 스탠더드는, 호텔을 오픈하고 운영을 시작하는 '운영단계'에서 운영자들이 바이블처럼 여기고 스탠더드를 준수하기 위해 노력해야 한다. 만일 브랜드 스탠더드와 고객의 소리가 너무 부딪혀 스탠더드의 조정이 필요하다고 생각될 때는, 현장에서 바로 조정하지 말고 브랜드 스탠더드의 조정에 대한 충분한 논의를 거친 후 실행해야 한다.

    호텔 경영자는 브랜드 스탠더드 수립, 교육, 평가, 개정하는 브랜드 스탠더드 관리 프로세스를 셋업해야 한다. 고객 경험을 구성하는 시각, 청각, 후각, 촉각, 미각 등 오감 요소는 브랜드 스탠더드에 정의되어 있고, 호텔 운영 스태프들은 이 스탠더드를 이해하고 준수해야 한다. 스태프 개인별로 스탠더드를 판단하고 수정하다 보면 호텔은 머지않아 엉망이 되고 만다.

제95화 천의 얼굴, 호텔업

호텔업은 어떤 '가치'를 파는 사업일까? 여행자들이 여행 중에 잠시 쉬어가며 지친 에너지를 회복하고 출발하는 곳이란 관점에서 보면 편안한 수면을 위한 쾌적한 잠자리, 허기를 달랠 정갈하고 맛있는 식사를 제공함으로써 '여행자의 에너지 충전'이라는 가치를 파는 '에너지 판매업'이 될 수 있다. 에너지를 제공하는 방식을 멋진 인테리어, 조명, 예술품, 스태프들이 '품격'이라는 가치를 추가하여 서비스하면 '품격 서비스 업'이 된다. 또한 가족여행객들에게 여러 가지 액티비티로 '즐거운 추억'을 판매하는 리조트는 '추억 판매업'이 된다.

호텔업은 '부동산업'이다. 호텔업을 하려면 토지와 건물 등 부동산을 매입하거나 임대 또는 위탁받아 운영해야 한다. 따라서 부동산의 주인이 누구 인가에 따라 호텔사업을 바라보는 관점이 달라진다. 부동산 주인의 입장에서 보면 자신이 보유한 부동산의 임대, 위탁, 매각 등을 통해 부가가치를 창출하고자 할 것이다.

호텔업은 '브랜드 업'이다. 많은 호텔 브랜드들이 있지만 성공적인 브랜드는 많지 않다. 성공적인 브랜드는 부동산 소유주들에겐 유치하고 싶은 대상이 된다. 자신의 부동산에 성공적인 브랜드를 유치하면 부동산 가치가 올라가기 때문이다. 따라서 브랜드 오너의 까다롭고 많은 요청을 수용해서라도 자신의 부동산에 호텔을 유치하여 부동산 가치를 올리고자 할 것이다. 반면에 브랜드력이 떨어지는 호텔은 불리한 조건을 감수하더라도 프라퍼티의 확장을 기할 것이다. 부동산 소유주와의 계약에서 브랜드력의 차이가 수익력의 차이를 만든다.

호텔업은 '프로세스 업'이다. 한 명의 고객이 2박 3일간 호텔에서 머물다가 떠난다면 대략 50개의 호텔서비스 접점이 생긴다. 이 50개의 접점은 고객만족을 목표로 디자인되었고 이 중 하나라도 문제가 생기면 전체 서비스 품질은 낙제점을 받게 된다. 호텔 운영자는 50개의 접점이 '부분 최적화'가 아닌 '전체 최적화'될 수 있도록 '프로세스'적인 관점에서 접근해야 한다.

호텔업은 '시설 관리업'이다. 고객의 눈에 잘 드러나지는 않지만 사실 호텔서비스의 대부분은 '시설관리'에서 제공된다. '안전, 청결, 쾌적, 멋, 맛, 친절' 6대 요소 중 '안전, 청결, 쾌적'을 시설관리에서 맡고 있다. 사고 위험 없고, 깨끗하고, 공기의 질이 좋은 서비스는 호텔서비스의 근간이다.

이 외에도 호텔업을 정의할 업의 개념들은 다양하다. 대규모 초기 투자가 수반되는 장치산업, 서비스 스태프가 중요한 피플 비즈니스, 자고, 먹고, 쉬고, 즐기는 라이프스타일 업, Front Of House의 고객들을 주인공으로 만들기 위해 많은 스태프들이 SOP(Standard Operating Procedure; 표준 운영절차)를 연출하는 종합 연출업, 보고 듣고 맛보고 냄새 맡고 느끼는 오감 판매업 등 '천의 얼굴'을 가진 것이 호텔업이다.

호텔에서 고객들에게 제공하려고 하는 다양한 가치들을 중심으로 호텔업의 개념을 정의해보면, 혁신적인 호텔 상품에 대한 아이디어를 얻는데 유용한 방법이 될 수 있다.

고객에게 제공하는 '차별적 가치'를 생각하면 다양한 콘셉트를 만들어낼 수 있다

제96화 착한 호텔

.

과거 한 때 기업의 목적이 '이윤 추구'가 전부였던 시절이 있었다. '이윤 추구'를 위해 경영자들은 재무적인 측면에서의 성장에만 초점을 맞추다 보니, 환경, 고용, 노사, 의사결정구조 등 여러 가지 사회적인 문제를 일으키게 되었고, 이윤만으로는 기업이 지속적으로 성장할 수 없다는 인식이 사회 전반에 퍼지게 되었다. 이제는 이윤 추구와 더불어 기업의 사회적이 책임이 지속가능한 경영의 필수요소가 되었다. 최근에는 기업의 비재무적 요소인 환경(Environment), 사회(Social), 지배구조(Governance) 측면에서 친환경, 사회적 책임, 투명 경영을 통해 지속 가능한 발전을 추구하는 ESG경영에 주목하고 있다.

호텔은 24시간 많은 고객들이 다양한 서비스를 이용하는 곳이어서 많은 에너지를 소비하게 되어 있고 많은 폐기물이 발생한다. 객실의 냉방·난방, 공기조절기, 냉수·온수, 엘리베이터, 에스컬레이터, 수영장, 조명, 주방 오븐 등 많은 설비들이 24시간

멈추지 않고 가동된다. 또한 고객들이 사용한 침대 시트, 욕실 가운, 타월, 식당 리넨 등을 매일 세탁하고, 객실 일회용 어메너티도 매일 교체한다. 식당과 연회장, 뷔페나 베이커리에서는 남은 음식이나 신선도가 떨어진 음식들도 위생을 위해 매일 폐기한다.

호텔은 많은 스태프들이 고객 서비스를 하고 있다. 경우에 따라서 전문 프로세스는 협력회사에 위탁하기도 하고, 일시적인 수요에 대응해 임시직을 고용하여 운영하기도 한다. 즉, 협력회사와의 협업, 고용의 질과 같은 이슈가 발생할 수 있는 환경이다.

환경경영 목표를 수립하고, 온실가스 배출량, 오염수 배출량, 재사용 용수 비율 등 환경에 관한 지표와 목표 수준을 정하여 관리한다. 또한 사회적인 이슈에 대응하기 위해서는 정규직 비율, 장애인 고용률, 산업재해율 등을 지표 화하여 관리하고, 지배구조와 관련된 독립적인 이사회 운영, 투명한 정보 공개 등이 이루어질 수 있는 프로세스 운영이 필요하다.

환경과 사회에 대한 책임, 그리고 지배구조의 투명성을 확보하여 고객과 시장에 '착한 호텔'로 자리매김하기 위해서, 호텔 경영자는 장기적인 로드맵을 가지고 '지속 가능한 경영'에 대비하여야 한다.

제97화 어디로 갈까요?

호텔이 지속적으로 성장하기 위해선 기존의 상품과 서비스를 기존 고객들에게 사랑받아야 하며, 기존 고객의 팬덤을 바탕으로 새로운 고객들을 유치할 수 있어야 한다. 또 한편으로는 새로운 상품과 서비스를 개발하여 시장에 지속적으로 출시함으로써, 새로운 시장과 고객에게 호텔 서비스의 접촉면을 넓혀가야 한다.

1957년 하버드 비즈니스 리뷰에 소개된 앤소프 매트릭스(Ansoff Matrix)는 기업의 성장전략을 4가지로 구분하여 설명한다. 시장과 제품을 기존과 신규로 구분하여 기존 시장과 신규시장, 기존 제품과 신규 제품 등 4개의 분면으로 나눈 다음, 기존 제품을 기존 시장에서 점유율을 높이는 것을 '시장 침투', 신규시장으로 확대해 나가는 것은 '시장개척', 신규 제품을 기존 시장에 출시하는 것은 '신제품 개발', 신규시장에 내놓은 것은 '다각화'등이 그것이다.

앤소프 매트릭스를 호텔에 적용해도 많은 성장 아이디어를 얻을 수 있다. 먼저 가장 많이 하고 있는 보수적인 성장전략은 '시장 침투'이다. 현재 특정 시장에서 5개의 호텔이 각자 20%씩 시장점유율을 유지하고 있다면, 시장점유율을 30%까지 높이는 전략이 침투 전략이다. 현재의 상품과 서비스로 현재의 시장에서 점유을을 높이기 위해서 광고나 프로모션 등 마케팅 방법을 사용한다.

두 번째는 '시장개척'이다. 이는 기존 제품과 서비스로 새로운 시장이나 고객에게 진출하는 것이다. 새로운 로케이션에 호텔 프라퍼티를 오픈하거나, 디지털 플랫폼을 오픈하여 모바일을 통한 상품과 서비스 판매 등이 그 예이다.

세 번째는 '신제품 개발'이다. 기존 시장에 새로운 상품과 서비스를 출시하는 것이다. 모바일 체크인, 디지털 플랫폼 오픈 등으로 기존 고객들에게 새로운 경험을 제공할 수 있다.

마지막으로는 '다각화'이다. 이는 새로운 시장에 새로운 상품과 서비스를 출시하는 가장 적극적인, 반면에 가장 리스크가 큰 성장전략이다. 예를 들어 4050 오프라인 고객이 대부분인데 2030 고객들에게 디지털 플랫폼을 출시, 상품을 모바일에서 주문하고 구매할 수 있도록 하면 시장과 고객을 다각화할 수 있다.

 여느 산업과 마찬가지로 호텔도 잠시 멈춰 있으면 경쟁에서 뒤처진다. 호텔 경영자는 항상 지속적인 성장을 고민해야 한다. 성장전략을 세울 때 호텔이 갖고 있는 역량 수준, 경쟁판도 같은 시장 상황, 고객의 새로운 니즈 등을 고려하여 가장 알맞은 성장전략을 수립해서 실행해야 한다. 또한 환경변수가 계속 변화하고 있다는 사실에 착안하여 성장전략의 재검토도 주기적으로 실행해야 한다.

지속적인 성장을 위해 여러 가지 경로를 탐색해야 한다

제**98**화 다윗과 골리앗

글로벌 체인호텔을 이용하면 멤버십 가입을 권장한다. 멤버십 가입을 하게 되면 이용실적에 따라 마일리지 포인트가 적립되고, 해당 포인트로 다음에 호텔을 이용할 때 여러 가지 혜택을 받을 수 있게 된다. 최근 글로벌 체인호텔들은 대형 M&A를 통해 적극적으로 몸집을 키우고 있다. M체인의 경우 산하에 소속된 호텔 프라퍼티 숫자가 8,000개가 넘고, 마일리지 회원이 1억 3천만 명('19년 기준)이 넘는다.

대형 호텔 체인이 운영하는 마일리지 포인트의 힘은 막강하다. 고객의 입장에서 대형 체인호텔 마일리지 포인트는 모아두었다가 사용할 수 있는 옵션이 많다. 이런 이유로 과거에는 여러 호텔을 이용했던 것에서 벗어나 마일리지를 모을 수 있는 하나의 호텔 체인으로 바꿔서 이용하는 경우가 늘어나고 있으며, 호텔을 고를 때 마일리지 포인트가 중요한 구매 결정요인 중 하나가 되기도 한다.

1억 3천만 명의 고객을 멤버십으로 묶어서 브랜드 충성도를 높일 수 있다면 멤버십 수 자체로만 엄청난 수익기반이 될 수 있다. 호텔 체인 입장에서는 로열티 프로그램 멤버들의 모바일 앱 가입 등을 통해 U&A(Usage & Attitude; 이용 행태)분석을 할 수 있고, 데이터 분석을 통해 세분화된 니즈를 파악한 후 구매 결정 단계에서 적절한 호텔 상품과 가격, 마일리지 포인트 활용 등을 제안함으로써 재구매율을 높이고 고객 이탈을 막을 수 있다. 또한 많은 마일리지 회원은 여행상품 잠재 구매자이므로 항공, 여행, 차량, 쇼핑 등 관련 산업 들과의 제휴를 통해서 고객에게 가치를 제공해주고 호텔 체인의 새로운 부가가치도 만들어 낼 수 있다.

'Winner takes it all' 세상이다. 검색엔진은 구글, 배달 앱은 딜리버리 히어로즈, 온라인 여행사는 익스피디아, 호텔은 M체인 등 플랫폼 기업 또는 대형 체인들이 고객들을 장악하고 다른 플레이어들에게 틈을 주지 않고 있다.

이런 흐름에서 소규모 체인호텔 또는 독립호텔들은 어떻게 살아남을 것인가? 골리앗에 맞 선 다윗이 작고 빠른 돌 매질로 승부를 냈듯이 소형 체인호텔이나 독립호텔들은 대형 체인이 하는 방식으로는 승부가 어려우니 각자 경쟁력 있는 부분에 집중하는 전략이 필요하다. 골리앗이 큰 칼과 두꺼운 갑옷을 입고 있는데 작은 칼로는 이겨낼 수 있겠는가? 대형 체인처럼 비용이 많이 드는 마일리지 프로그램을 운영하는 것보다는, 지금 호텔에 오는 고객을 잘 파악하고, 방문 목적을 이해하고, 다시 오게 하고, 기존 고객 추천으로 새로운 고객을 이끌어내는 등 고객을 통한 로열티 프로그램 콘셉트를 활용하는 것이 훨씬 더 유용할 것이다.

호텔은 프라퍼티를 늘려서 효율을 내는 '다점포 사업'이다. 프라퍼티를 늘리는 데는 시간과 막대한 비용이 필요하다. 프라퍼티 숫자가 적더라도 브랜드 파워가 좋을 때는 디지털 플랫폼을 통해 고객 수를 늘리고 배달을 통해 브랜드와 고객의 접점을 늘려가는 것도 하나의 대안이 될 수 있다.

제99화 사업을 하기 전에 챙겨볼 다섯가지

코로나 19로 컨택트 경제는 찬바람을 맞고 있고, 언택트 경제는 사상 최고의 호황을 누리고 있다. 아쉽게도 호텔업계는 대형 행사, 결혼식 등이 취소 또는 축소되어 어려움이 따르고 있다. 특히 외국인 관광객을 주요 고객으로 영업을 하는 호텔들은 피해가 막대하다. 호텔을 운영하다 보면 이런 외부 변수에 의해 영업상황이 급변하는 경우가 많다. 올림픽, 해외여행 자유화, 월드컵, IMF 경제위기, 주 5일제, 1인 가구, 욜로, SARS, COVID-19 등은 고객 이동, 소비 트렌드, 사회현상 등에 대한 변화가 호텔 영업에 영향을 끼친 대표적인 사례들이다.

항상 변화하는 환경에 유연하게 대응하기 위해서 호텔도 신상품과 신사업 등에 대한 '대안'을 모색하고 있어야 한다. 시장 변화를 읽고 새로운 사업을 준비할 때는 우선 전략, 브랜드, 확장 가능성, 시장성, 수익성 등 다섯 가지를 점검해봐야 한다.

먼저 새로 준비하는 사업이나 상품이 기존의 전략과 부합하는지 여부를 살펴본다. 만약 기존에 세운 전략을 수정할 필요가 있을 경우에는 전략 재검토를 먼저 시행한다. 예를 들어 차량 제조회사가 전략은 '친환경'으로 세워놓고 신사업으로 디젤차 시장에 진출한다면 기존에 세운 회사의 방향성에 큰 혼란이 생겨 자원이 비효율적으로 배분될 가능성이 커진다.

두 번째는 브랜드와 어울리는지를 검토해봐야 한다. 예를 들어 기존의 아파트 브랜드가 프리미엄을 강조하고 있는데 새로 진출하려는 커뮤니티 부대시설 안에 브랜드와 어울리지 않는 카페나 시설이 들어선다면, 오랜 기간 동안 어렵게 쌓아 올린 아파트 브랜드의 프리미엄 이미지를 깎아내리게 된다.

세 번째는 확장 가능성이다. 새로 시작하고자 하는 사업이나 상품이 기존 인프라에 큰 부담이 없이 빠르게 성장 가능한가를 점검하는 것이다. 예를 들면 호텔 고객들에게 호텔의 음식이나 식자재를 모바일 앱을 통해 판매한다면, 기존의 고객들에게 보유하고 있던 디지털 플랫폼을 통해 새로운 상품을 판매하는 것이므로 빠르게 사업을 확장해갈 수 있다.

네 번째는 시장성이다. 신사업이나 상품에 대한 잠재수요규모가 충분한지 점검한다. 아무리 좋은 상품도 '좋기는 한데 아직은 필요 없다' 면 시간을 두고 조금 더 지켜봐야 한다.

마지막으로는 수익성이다. 수익성은 사업의 기본 전제이므로 당연히 점검해봐야 한다. 아무리 좋은 사업 아이디어라도 수요가 충분하지 않거나 수익모델이 좋지 않아 수익이 나지 않는 구조라면 의미가 없다.

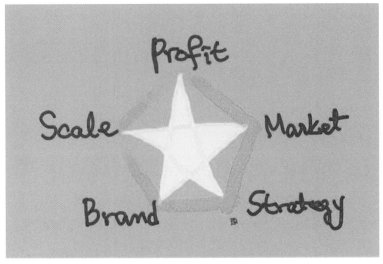

신사업 추진 시 검토할 다섯가지, 브랜드, 전략, 확장가능성, 시장성, 수익성

제100화 호텔은 '시간 판매업'이다

100실 규모의 호텔을 운영하고 있다. 예약 상황을 살펴보니 70실이 판매가 되었다. 아직 판매되지 않은 30실은 어떻게 할 것인가?

호텔 상품은 '재고가 없다'는 특성을 갖고 있다. 당일 팔지 못하면 끝이다. 내일이 없다. '못 파는 걸 어쩌랴, 내일 잘 팔면 되지' 하고 위안 삼을 수 있지만 오늘의 사라진 '기회 수익'은 영원이 찾아올 수 없다. 비행기도 마찬가지이다. 인천에서 뉴욕으로 가는 비행기 좌석 500석 중 100석이 비어 있다면 어떻게 할 것인가? 500석 매진이던 400석만 판매하던 비행기 운영 고정비는 거의 같다.

호텔에는 RM(Revenue Manager)이라는 직무가 있다. RM의 직무 목표는 호텔 '매출 최적화'이다. 채널별 판매조합, 이벤트 등을 고려하여 최적의 판매 객실수와 객실단가를 결정하고 객실 수익을 최적화한다.

객실판매 영업팀에서는 세일즈 퍼슨들이 자신들의 실적관리를 위해 RM들에게 유리한 가격을 달라고 요청할 것이고, 하우스키핑이나 식당 등 내부 영업장에서는 수익성 좋은 고객 위주로 먼저 배정해달라고 할 것이다. RM은 이런 요청들을 조정하고 판단한다. RM은 또한 통계에도 능통해야 한다. 과거 고객들의 예약 U&A(Usage & Attitude; 구매 및 이용행태), 경쟁 상황, 정책, 기후, 내부 프로모션, OTA(Online Travel Agency; 온라인 여행사)들과의 계약 등의 상관 관계들을 시뮬레이션하여 미래 수익을 예측하고 최적의 판단을 내릴 수 있어야 한다.

RM이 수행하는 객실 수익 최적화는 Revenue Management (Yield Management라고도 함)라고 한다. Revenue Management 의 가장 기본적인 전략은 '단가 × 판매 객실수 = 객실 수익'의 공식에서 볼 수 있듯이 객실단가를 조정하여 판매 객실수와 수익을 상향시키는 것이다. 성수기에는 수요가 몰리게 되어 객실 예약하기가 어렵다. 고객 수요가 너무 높아 객실 공급 Capacity가 넘을 것 같으면 단가를 올려 수요를 낮춘다. 비수기에는 고객 수요를 높이기 위해 단가를 낮추어 판매 객실수를 높인다.

이를 고객 카테고리별로, 판매 채널별로 세분화해 들어가면 조금 더 복잡해진다. RM은 시즌별 판매전략과 이벤트별 판매전술이 확정되면 그때 그때 유연하게 해당 전략 전술이 즉각 고객 채널에 반영될 수 있도록 여러 채널들과 판매 전략 전술 간 자동반영 시스템을 가동하고 있어야 한다. 또한 각 판매 채널의 수익성을 주기적으로 분석하여 내부 관련부서에 피드백하는 판매 채널 평가 관리도 동시에 진행한다.

오늘 판매하지 못한 객실은 영원히 판매할 기회가 없다. 호텔 운영자는 내부 운영 Capacity를 감안한 적정 객실 판매량을 정해 놓고 해당 판매량을 모두 팔아 잃어버린 '기회 수익'이 나오지 않도록 연간, 6개월, 3개월, 1개월, 1주, 하루 주기의 RM관리 프로세스를 셋업해야 한다.

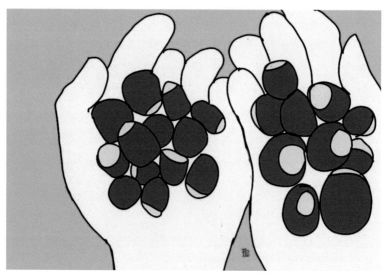

잃어버린 기회 수익이 나오지 않도록 통계적인 RM관리가 필요하다